LES ENNEMIS DE LA RAISON,

LA PHILOSOPHIE DE LA VOLONTÉ

ET L'APOLOGÉTIQUE DE L'IMMANENCE

PAR

M. L'ABBÉ H. GOUJON

CURÉ D'AUTRÉCOURT (MEUSE)

S'adresser à M. L'ABBÉ GOUJON, à Autrécourt, par Lavoye (Meuse),
ou à M. MOREL, imprimeur-éditeur, rue Nationale, 77, Lille.

—

1904

LES ENNEMIS DE LA RAISON,

LA PHILOSOPHIE DE LA VOLONTÉ

ET L'APOLOGÉTIQUE DE L'IMMANENCE

DU MÊME AUTEUR :

Kant et Kantistes, *Etude critique selon les principes de la méthaphysique thomiste,* par M. l'Abbé GOUJON, Curé d'Autrécourt. — Un beau volume in-8° de XXIII-330 pages. Prix : 4 fr. et *franco* : 4 fr. 85.

L'auteur a reçu de son Éminence le Cardinal Rampolla la lettre suivante :

« Monsieur, l'esprit et la nature de l'étude critique que vous avez
» publiée sont dignes d'éloges. En effet, cette étude conforme aux
» doctrines de saint Thomas, est propre aussi bien, à la réfutation
» des erreurs contemporaines qu'à l'exposition du dogme catholique.
» Pour ces raisons, le Saint Père a accueilli avec plaisir l'hommage
» de votre livre. Sa Sainteté me charge de vous le faire savoir et vous
» accorde de tout cœur la Bénédiction apostolique. J'y joins mes
» remerciements pour l'exemplaire que vous avez eu l'amabilité de
» m'offrir.
» Avec les sentiments de ma plus sincère estime, je suis votre
» très affectueux serviteur.
» Signé : M. Card. RAMPOLLA.
» Rome, le 15, Février 1902. »

Dans l'impossibilité d'énumérer les appréciations autorisées et bienveillantes que plusieurs journaux, notamment la *Vérité Française* et la *Croix de Paris* et diverses revues, entre autres la *Revue du Clergé Français* et la *Revue de Philosophie*, ont publiées sur cet important ouvrage, nous nous contentons de mentionner le jugement du P. Fontaine, qui, après avoir cité à l'appui de sa thèse une page de *Kant et kantistes,* ajoute ceci en note, p. 17 des *Infiltrations kantiennes et protestantes :* « Nous ne saurions assez recommander cet ouvrage tout récent, le meilleur que nous connaissions contre le dangereux mouvement qui emporte tant d'esprits. La pensée est habituellement très nette, très précise, le style ferme et vigoureux. Si ça et là subsistent encore des obscurités, elles tiennent au fond même du sujet qui n'est pas facile. »
Les erreurs exégétiques et théologiques d'un certain nombre de prêtres et de catholiques français viennent uniquement de ce qu'ils acceptent de confiance et sans contrôle, les idées de la *Raison Pure* de Kant, le grand maître du scepticisme contemporain. Le philosophe allemand n'est cependant pas infaillible. Dans *Kant et kantistes,* on démontre, clair comme le jour, que la méthode kantienne est un tissu d'erreurs manifestes, de contradictions, d'obscurités noires.
Que l'on ne croie pas que ce livre ne s'adresse qu'aux philosophes et aux théologiens de profession. Le scepticisme allemand s'insinue partout, il fait en ce moment son apparition dans les écoles primaires. M. Goujon, curé d'une paroisse rurale, a composé son étude surtout pour être utile à ses confrères, auxquels il offre la clef d'une *réfutation solide* des imaginations kantiennes.

Les ennemis de la Raison, la Philosophie de la volonté et l'Apologétique de l'Immanence. — Un beau volume in-8° de XXXIV-150 pages. — Prix : 1 fr. 50 et *franco* : 2 fr.

Les *deux volumes demandés ensemble,* prix : **5** fr. *franco.*

S'adresser à *M. l'abbé Goujon, curé d'Autrécourt par Lavoye (Meuse)* et à *M. H. Morel, imprimeur-éditeur, 77, rue Nationale, à Lille (Nord).*

LES ENNEMIS DE LA RAISON,

LA PHILOSOPHIE DE LA VOLONTÉ

ET L'APOLOGÉTIQUE DE L'IMMANENCE

LES ENNEMIS DE LA RAISON,

LA PHILOSOPHIE DE LA VOLONTÉ

ET L'APOLOGÉTIQUE DE L'IMMANENCE

PAR

M. L'Abbé H. GOUJON

Curé d'Autrécourt (Meuse)

S'adresser à M. l'Abbé GOUJON, à Autrécourt, par Lavoye (Meuse),
ou à M. MOREL, imprimeur-éditeur, rue Nationale, 77, Lille.

1904

IMPRIMATUR :

✝ Virduni, die IIª Februarii MCMIV.

✝ LUDOVICUS, *Episc. Virdunen.*

A LA MÉMOIRE

DE MONSIEUR LE CHANOINE JULES DIDIOT

MON VÉNÉRÉ ET TRÈS REGRETTÉ MAITRE

HOMMAGE

DE MON RESPECT, DE MON AFFECTION,

DE MES REGRETS

ET

DE MA RECONNAISSANCE

H. GOUJON.

ÉVÊCHÉ
de
ERDUN
—•—

Verdun, le 31 Mars 1904.

MON CHER CURÉ,

Vous continuez vaillamment la lutte que vous avez entreprise en faveur de la philosophie scolastique et contre les erreurs issues du subjectivisme kantien. Votre nouvel ouvrage : LES ENNEMIS DE LA RAISON, LA PHILOSOPHIE DE LA VOLONTÉ ET L'APOLOGÉTIQUE DE L'IMMANENCE, *en est la preuve.*

Les lecteurs de la REVUE DES SCIENCES ECCLÉSIASTIQUES, *de Lille, retrouveront avec plaisir, réunis en volume, les articles qu'ils ont déjà goûtés et appréciés et que j'étais heureux de signaler moi-même l'an passé, à l'attention de vos confrères, réunis pour les exercices de la retraite pastorale. Votre nouveau livre aura, j'en suis sûr, beaucoup d'approbateurs dans le monde de ceux qui s'intéressent au mouvement des idées contemporaines.*

Il vient d'ailleurs bien à son heure.

Les discussions récentes, relatives à l'Apologétique qualifiée de « moderne », vous en ont inspiré l'idée. Vous prenez avantageusement part au débat et, en passant au crible de la critique les opinions nouvelles, vous savez toujours garder vis à vis des personnes une parfaite courtoisie.

Disciple fidèle, en philosophie et en théologie, d'un maître éminent, le regretté M. le chanoine Didiot, vous exposez sagement les raisons de vos préférences pour la méthode ancienne d'apologétique, qui est d'ailleurs celle des Pères et des Conciles, de Saint Thomas d'Aquin en particulier.

Mais vous avez l'esprit trop large pour nier le progrès même en apologétique, et, parce que vous estimez que tout n'est pas faux dans les exposés parfois subtils des néoapologistes, vous savez y approuver tout ce qui peut contribuer à affermir la foi dans les esprits, malheureusement si troublés de notre époque.

Comme vous avez raison, mon cher Curé, de réprouver vigou-

reusement le subjectivisme intellectuel, qui aboutit à un scepticisme radical, destructeur de toute foi, de toute certitude rationnelle ! Comme vous avez raison de réprouver l'autonomie de la volonté, base fragile d'une morale indépendante et athée ! On ne dira jamais assez quel mal a fait aux âmes la philosophie kantienne.

Plus que jamais il est nécessaire de suivre dans nos écoles catholiques en particulier, les directions de Léon XIII, récemment renouvelées par Pie X, relativement à la doctrine et à la méthode de Saint Thomas d'Aquin.

« A une époque, écrivait Pie X le 23 janvier dernier, à une époque plus ennemie, qu'aucune autre peut-être, de la sagesse léguée par les Pères, Nous estimons qu'il est de toute nécessité de maintenir très religieusement ce que notre illustre prédécesseur a établi, pour mettre en honneur la philosophie et la doctrine de Saint Thomas ; et nous prenons soin de donner encore de nouvelles faveurs à cette Institut, dans l'espoir d'obtenir des fruits plus abondants. » (Bref de S. S. Pie X à l'Académie romaine de Saint Thomas d'Aquin.)

Vous aurez contribué, pour votre part, mon cher Curé, à produire ces heureux résultats. Je me plais à vous en féliciter de tout cœur, en vous renouvelant l'assurance de mon bien affectueux dévouement.

† Louis,
Év. de Verdun.

ERRATA

Pages	Lignes	Au lieu de :	Lire :
XXII	1	notre philosophie	notre philosophe
13	31	rationalisme	traditionalisme
19	7	indéterminé	déterminé
32	12	affermir	affirmer
72	30	refuser *et* adhérer	refuser *d'*adhérer
80	14	*à* la grâce	*de* la grâce
92	6	Ces *faits*	Ces *vérités*
100	21	notre philosophie	notre philosophe
110	3	naturel	surnaturel
142	3	réjou*lt*	rejoint

PRÉFACE

---

1. — Depuis quelques années, un mouvement
intellectuel d'une grande intensité se produit chez
un certain nombre de catholiques en France. L'objet
des études, auxquelles on s'adonne avec ardeur,
embrasse la philosophie, l'exégèse, l'apologétique,
la théologie, en un mot toutes les branches de la
science sacrée. Malheureusement, malgré la droiture de leurs intentions, plusieurs écrivains, laïques
et prêtres, au lieu de suivre les méthodes recom-
mandées par l'Église et consacrées par une tradition
tant de fois séculaire, se sont laissés entraîner vers
des innovations dangereuses. A les en croire, le
procédé de discussion suivi jusqu'à ce jour dans la

démonstration évangélique serait devenu détestable et ne pourrait plus s'adapter à la culture des intelligences contemporaines ; et la nécessité s'imposerait d'introduire, dans l'enseignement des sciences ecclésiastiques, des modifications radicales.

La témérité de ces prétentions a été dénoncée avec vigueur par des voix éloquentes et très autorisées. Mgr l'Évêque de Nancy exposa l'an dernier, dans une brochure documentée, les *Périls de la foi et de la discipline dans l'Église de France à l'heure présente*. L'écrit du vaillant prélat, intelligence d'élite et âme d'apôtre, a produit partout une impression salutaire et profonde.

De son côté, fidèle aux traditions de son Ordre, le P. Fontaine, de la Compagnie de Jésus, ancien professeur d'apologétique à l'Université libre d'Angers, consacre à défendre les méthodes traditionnelles un rare talent d'écrivain, une forte dialectique, et toutes les richesses d'une science acquise par de longues années de labeur. Le livre qu'il a publié récemment sous ce titre : *Les infiltrations kantiennes et protestantes et le clergé français*, montre avec une clarté lumineuse et fait toucher du doigt le danger des tendances nouvelles et le péril qui en résulte pour la pureté de la foi catholique. L'étude du savant jésuite fut une révélation douloureuse pour un grand nombre de prêtres ; on la lut dans beaucoup de presbytères. Elle y suggéra de salutaires réflexions, inspira des résolutions généreuses et, en montrant le péril que les novateurs font courir à la foi, indiqua les grandes lignes d'un programme d'études qui sera fécond pour la défense de la vérité.

Le débat entre les amis et les ennemis de la tradition est d'ordre philosophique. Le point de départ des innovations en exégèse, en apologétique, en théologie, est dans le criticisme kantien. Plus de vingt papes ont hautement recommandé dans les sciences sacrées l'emploi de la méthode scolastique. Bonnetty, le fondateur et le premier directeur des *Annales de philosophie chrétienne*, dut souscrire un jugement qui condamnait ses injustes critiques. Pie IX réprouva la proposition suivante : « La méthode et les principes employés par les saints docteurs scolastiques ne répondent plus du tout aux nécessités de nos temps et aux progrès des sciences. »

Léon XIII, dans l'Encyclique *Æterni Patris*, après avoir cité les paroles de son prédécesseur Sixte V, fait cette belle énumération des qualités dialectiques qui distinguent la méthode de la philosophie et de la théologie chrétiennes : « Parfaite et intime connexion des choses et des causes ; ordonnance et disposition qui rappellent une armée rangée en bataille ; définitions et distinctions lucides ; fermeté d'argumentation et finesse extrême de discussion, séparant la lumière des ténèbres, le vrai du faux, et dépouillant pour ainsi dire de leurs vêtements trompeurs les mensonges de l'hérésie, recouverts d'une infinité de prestiges et de sophismes. » De saint Thomas d'Aquin lui-même le Souverain Pontife dit encore : « En lui rien ne manque : ni l'abondance des questions, ni l'habile disposition des parties, ni l'excellence des procédés, ni la solidité des principes, ni l'énergie des arguments, ni la clarté et la propriété des termes, ni la facilité d'expliquer les sujets les plus inaccessibles. »

Malgré les invitations d'une autorité si haute,

appuyées sur des raisons si évidentes, plusieurs
écrivains catholiques n'ont que du dédain pour la
philosophie de l'École. Qu'on lise la brochure que
M. l'abbé Denis a publiée récemment sous ce titre :
La situation du Clergé Français, et l'on verra que
nous n'exagérons nullement. Avec plus de mesure
et de discrétion, le P. Laberthonnière, dans ses
Essais de philosophie religieuse, dont l'examen critique est l'objet principal de notre étude, condamne
sans appel la philosophie scolastique et célèbre fort
allègrement ses funérailles.

En revanche, on adopte *a priori* les principales
données du criticisme de Kant. Si je dis *a priori*,
c'est que nulle part, dans les œuvres de ces écrivains, je n'ai trouvé une discussion quelconque sur
aucune des parties de la *Critique de la Raison pure*.
La vogue dont le patriarche de Kœnigsberg jouit
dans l'Université, vogue due uniquement à son
scepticisme doctrinal, est, paraît-il, une raison qui
dispense d'en chercher d'autres. Les dogmes de
l'esthétique transcendantale sur la subjectivité de
l'espace et du temps, les dogmes de l'analytique
transcendantale sur la subjectivité des douze catégories de l'entendement, aussi bien que les antinomies de la dialectique et l'impuissance de la raison
à l'égard des plus hautes vérités sur l'âme, sur le
monde et sur Dieu, sont acceptés d'enthousiasme
et sans critique par les modernes réformateurs de
la théologie.

Et cependant c'est la philosophie kantienne qui
est clairement désignée dans ce passage de la célèbre
Encyclique adressée au clergé français par Léon XIII,
le 8 septembre 1899 : « Nous réprouvons ces doctrines, qui n'ont de la vraie philosophie que le nom,

et qui ébranlant la base du savoir humain, conduisent logiquement au scepticisme universel et à l'irréligion. Ce nous est une profonde douleur d'apprendre que, depuis quelques années, des catholiques ont cru pouvoir se mettre à la remorque d'une philosophie qui, sous le spécieux prétexte d'affranchir la raison humaine de toute idée préconçue et de toute illusion, lui dénie le droit de rien affirmer au-delà de ses propres opérations, sacrifiant ainsi à un subjectivisme radical toutes les certitudes que la métaphysique traditionnelle, consacrée par l'autorité des plus vigoureux esprits, donnait comme nécessaires et inébranlables fondements à la démonstration de l'existence de Dieu, de la spiritualité et de l'immortalité de l'âme, et de la réalité objective du monde extérieur. Il est profondément regrettable que ce scepticisme doctrinal, d'importation étrangère et d'origine protestante, ait pu être accueilli avec tant de faveur dans un pays justement célèbre par son amour pour la clarté des idées et pour celle du langage. Nous savons, Vénérables Frères, à quel point vous partagez là-dessus nos justes préoccupations, et nous comptons que vous redoublerez de sollicitude et de vigilance pour écarter de l'enseignement de vos séminaires cette fallacieuse et dangereuse philosophie, mettant plus que jamais en honneur la méthode que nous recommandions dans notre Encyclique précédente du 4 août 1899. »

Il s'agit ici de l'Encyclique *Æterni patris* sur saint Thomas d'Aquin. Ces instructions pontificales sont très claires et très précises. Au lieu de les écouter, comme c'était leur devoir, et de s'adonner de toutes leurs forces à l'étude de saint Thomas et de ses principaux commentateurs contemporains, tels que Kleutgen, San Severino, Tilmann Pesch, et les savants auteurs de la *Philosophia Lacencis*, ouvrage admirable où se trouvent réfutées toutes les objections criticistes et scientifiques contre la philosophie chrétienne, les écrivains catholiques dont nous parlons, ont préféré chercher leurs inspirations dans la *Critique de la Raison Pure* et dans l'enseignement des professeurs de l'Université, imbus tous, à des doses diverses, de scepticisme kantien. De là vient le trouble profond où se débattent à l'heure actuelle tant de belles intelligences. De là une exégèse qui, ne tenant pas compte de l'interprétation toujours vivante donnée par l'Église, se considère comme une science souveraine et indépendante, part d'une idée toute particulière et personnelle, et torture les textes sacrés au gré de cette fantaisie individuelle et subjective. Il est vraiment difficile de voir en quoi cette méthode diffère du libre examen, principe de l'exégèse protestante.

2. — De là viennent également les attaques contre l'apologétique traditionnelle et les efforts pour y substituer une nouvelle apologétique, qui réléguant à l'arrière plan les arguments traditionnels de la démonstration évangélique, prend son point de départ dans le sujet seul, ou plutôt dans la seule faculté appétitive, dans la volonté et non pas dans l'intelligence. Le néo-apologisme, il ne s'en cache pas d'ailleurs, est un essai malheureux d'adaptation de la philosophie kantiste à la défense des dogmes révélés. Le présent travail n'a pas d'autre but que de critiquer cette méthode et de montrer clairement vers quelles erreurs elle conduit.

L'apologétique ou théologie fondamentale est cette partie de la science sacrée qui établit par des preuves rationnelles le fait de la révélation. Au chapitre III de la Constitution *Dei Filius*, le Concile du Vatican la décrit avec précision : « Afin que l'hommage de notre foi fût d'accord avec la raison, Dieu a voulu joindre aux secours intérieurs du Saint-Esprit, les preuves extérieures de sa révélation, à savoir des faits divins et surtout des miracles et des prophéties qui, en montrant abondamment la toute-puissance et la science infinie de Dieu, fait connaître la révélation divine dont ils sont *les signes très certains* et appropriés à l'intelligence de tous. » Le Concile indique aussi un autre fait qui prouve que Dieu a révélé: ce fait splendide est l'Eglise, toujours vivante, son établissement et ses notes caractéristiques.

L'auguste Assemblée de 1870 n'a nullement innové en ceci : elle s'est contentée de donner une forme très nette et très claire à l'enseignement de toute la tradition, des Saints-Pères et de tous les docteurs.

Le néo-apologisme ne veut pas de cette méthode, parcequ'elle est intellectualiste et prétend en imposer une autre de son invention. Parce que Kant, dans la critique de la *Raison Pure,* professe le scepticisme le plus absolu, qu'il nie, sans apporter une seule preuve, l'objectivité de la connaissance intellectuelle, déclare que nous ne pouvons rien connaître au delà de nos opérations subjectives et que nous ne savons rien, pas même si le monde existe, si le moi existe, les théologiens novateurs acceptent cette base et enlèvent ainsi toute valeur aux preuves de fait, tels que les miracles, les prophéties et l'existence de l'Eglise. Et comme le sophiste de Kœnigsberg essaye de relever dans la *Raison pratique* les ruines accumulées dans la *Raison Pure* et, parmi les facultés humaines, accorde le prépondérance à la volonté, les catholiques, qui le regardent comme un maître incontesté, ne veulent pas que l'on cherche hors du moi les preuves de la religion, mais soutiennent qu'il suffit de se replier sur soi-même et de bien étudier son acte volontaire, informé par la grâce et revêtu, dans son intime essence, d'un caractère surnaturel.

Tel est le sens du fameux article de M. Blondel, paru dans les *Annales de philosophie chrétienne*; c'est aussi sans doute la pensée de M. Denis, Directeur de cette Revue, autant du moins qu'il est possible de la saisir, car cet auteur aime à envelopper sa doctrine de ténèbres qui la rendent souvent impénétrable aux intelligences vulgaires.

Notre premier dessein était de critiquer dans une série d'articles, destinés à *la Revue des sciences ecclésiastiques*, les théories exprimées dans *la Situation intellectuelle du Clergé français*. Nous avons dû y renoncer, à cause des obscurités dont nous parlons, et de tant de généralités abstraites et inintelligibles. Quand cet écrivain daigne descendre des hauteurs nuageuses où il se plaît, et expliquer ce qu'il veut dire par des faits saisissables, on est alors dans une nuit très dense où ne brille la clarté d'aucune étoile. Qu'on nous permette de citer ici un exemple ou deux. Dans cette dissertation, M. Denis se montre aussi kantiste qu'on peut l'être en restant orthodoxe, et cependant il repousse avec énergie l'accusation de subjectivisme. Je ne vois pas cependant comment qualifier autrement la théo-

rie philosophique qui donne l'explication suivante
des découvertes de la science moderne : « La science
du phénomène de l'eau composée de deux gaz est
un fait humain, autrement dit une certitude, un
mode authentique et suffisant de notre action, la
conscience des limites de notre pouvoir et de notre
savoir vis-à-vis du réel ». Sous peine de nier le
progrès de la science, on doit avouer que la connaissance des deux éléments composant l'eau est
autre chose qu'une certitude subjective et la constatation des limites de notre savoir. Elle ajoute des
notions nouvelles et objectives à ce que nous
savions déjà de l'eau, elle nous fait pénétrer plus
avant dans la nature réelle de ce liquide, elle nous
permet d'en donner une définition plus complète et
plus vraie, elle élargit l'horizon de nos connaissances objectives. On ne peut nier ces évidences
sans nier la science elle-même, sans la réduire à un
vain formalisme.

Mais que dire de l'explication apportée par notre
philosophe, adversaire si déclaré de la métaphysique thomiste, sur la découverte de la gravitation
universelle par Newton ? « Comment l'esprit de ce
savant a-t-il procédé ? Son action immanente a
consisté à trouver en soi, par un premier mouvement, une raison intérieure, qui fut reconnue, grâce
à un second mouvement réflexe, dans un fait
interne. La gravitation n'a été possible à formuler
que corrélativement aux réformes antécédentes de
l'esprit humain, qui s'est en quelque sorte reconnu
en elles (1). » Notre auteur explique ensuite que la
formule de la gravitation : *les corps s'attirent réci-*

(1) *Situation intellect. du Clergé français,* par M. Denis,
p. 516, note 1.

*proquement en raison directe de leur masse et en
raison inverse du carré de la distance,* a requis
l'application de ces catégories subjectives *a priori:*
l'espace et le temps, l'unité et la pluralité arith-
métiques. Voilà le côté subjectif de l'action, laquelle
requiert aussi une réalité objective, c'est-à-dire la
masse, les faits sans lesquels l'action n'existerait pas
et qui nous donnent par leur présence la certitude
actuelle de quelque chose autre que le moi.

J'avoue humblement que cette explication, très
kantiste et très subjectiviste, est pour moi d'une
obscurité impénétrable. Essayons cependant de
déchiffrer cette énigme, en la comparant à l'explication de la philosophie de l'École, considérée
comme réfractaire au progrès scientifique.

On sait que, selon les dogmes kantiens, non
seulement les odeurs, les saveurs, les couleurs et
toutes les autres qualités sensibles, mais la substance, la cause, le nombre, le mouvement, la
succession, l'étendue, en un mot toutes les déterminations quantitatives et qualitatives sont de pures
modifications du sujet, du moi pensant, et ne
peuvent rien nous apprendre sur la réalité objective,
qui est un X inconnaissable à notre raison. D'après
ces principes, pour découvrir la gravitation, le
premier acte de l'esprit de Newton a été de constater,
en réfléchissant sur soi, les catégories, les préformes
vides de l'espace, du temps, de la pluralité et de
l'unité mathématiques. Et en même temps, l'on
nous avertit que Newton n'aurait rien du tout trouvé
en soi, si les faits d'expérience, d'existence des corps,
leurs mouvements, leur attraction mutuelle n'avaient
pas fourni l'occasion, à son activité immanente, de
s'exercer. Comment donc concilier ces deux affir-

mations qui, à première vue, paraissent contradictoires ? « 1° L'esprit de Newton a trouvé en soi,
par un premier mouvement, une raison intérieure (???), qui est reconnue, grâce à un second
mouvement réflexe, dans un fait externe ; 2° la
masse — des corps, sans doute — si elle était
absente, ne permettrait pas à l'action d'exister. »

Comment un mouvement qui ne peut se produire
sans l'existence d'un moteur peut-il être antérieur
à ce moteur lui-même ? N'est-ce pas une contradiction pure et simple ? Elle n'est, du reste, pas la
seule. M. Denis, en kantiste fidèle, soutient que
l'étendue, la succession, la cause, la substance, ne
sont pas les déterminations de l'être objectif et réel,
mais seulement des modifications du moi percevant.
Et cependant, n'étant pas subjectiviste radical, il
admet une réalité objective : ici, la masse des corps
et les faits, c'est-à-dire leurs actions et réactions
externes qui ont amené Newton à sa grande découverte. Mais qu'est-ce que la masse ? Que sont les
corps ? Que faut-il entendre par ce mot : le fait ?

Le fait, ici, ce sont les mouvements des corps qui
tombent et des astres qui s'attirent. Les mouvements
sont donc réels et objectifs. Donc les corps existent
vraiment en dehors de moi, ils sont distincts et
même séparés les uns des autres. L'étendue objective est une de leurs propriétés ; sans quoi, leurs
mouvements seraient imperceptibles. Ces corps
exercent des actions et réactions réciproques les
uns sur les autres, actions et réactions dont la
gravitation est la loi. La cause est donc objective.
Par conséquent, l'apriorisme des catégories kantiennes, c'est-à-dire le fondement de la *Raison pure*,
s'évanouit. Si vous maintenez votre foi kantienne,

cette masse, ce fait dont vous parlez, ne sont rien
autre chose que des modifications de votre moi,
vous ne pouvez en faire des objets que grâce à une
illusion. Comment alors une masse et un fait, que
vos principes vous obligent à déclarer illusoires,
peuvent-ils, comme vous le dites, vous donner
l'actualité et la certitude de quelque chose autre que
le moi ? N'est-ce pas encore purement et simplement
se contredire ?

Cependant, on nous avertit que cette *explication*
fait voir clairement les droits de l'action autonome,
qui est le point essentiel de tout débat entre la raison
et la foi. Nous ne partageons pas cet optimisme et
nous avons hâte de sortir de ces épaisses ténèbres ;
car l'expérience, et la raison, et le bon sens, s'indi-
gnent à la fin, de ces contradictions si parfaitement
inintelligibles.

Combien est plus claire, plus vraie, plus conforme
à la raison et à l'expérience, l'explication donnée
par la philosophie scolastique à la découverte new-
tonienne !

Le grand astronome commença par la connaissance sensible; il observa les mouvements des
astres et de la chute des corps. Ensuite il expéri-
menta par lui-même et étudia les expériences des
plus savants hommes de son temps, entre autres de
Képler, qui découvrit le premier les mouvements du
monde planétaire, sans toutefois pouvoir connaître
la force qui les régit, et de Galilée qui scruta la
loi de l'inertie.

Si Newton avait dédaigné de lire les ouvrages de
ses prédécesseurs, s'il s'était obstiné à fermer les
yeux et avait méprisé l'expérience sensible et personnelle, s'il avait fait abstraction de toutes ses

connaissances antérieures, il n'aurait rien découvert du tout. Il aurait eu beau réfléchir en soi-même, son intelligence fut restée inerte, il n'y aurait même pas remarqué les *préformes antécédentes* dont parle M. Denis, parce qu'elles n'existent pas, étant inventées de toutes pièces par Kant, qui n'était pas encore né.

Le premier mouvement de l'illustre astronome a été de mettre ses sens en action, il a lu et vu de ses propres yeux ; en même temps son esprit percevait, par une vue immédiate, les corps et leurs mouvements avec les circonstances de vitesse, de distance et de durée. A la connaissance directe a succédé la réflexion. Celle-ci était nécessaire, mais devait être précédée de la perception extérieure, qui seule pouvait fournir les éléments essentiels de la solution cherchée. Ces éléments sont les corps célestes et terrestres, leur matière ou leur masse, leurs distances, leurs mouvements, leur multiplicité. Et ces corps, cette masse, cette distance, ces mouvements, étaient objectifs et réels ; ils n'étaient pas des modifications subjectives de l'esprit de Newton, des fantômes, des rêves, mais existaient vraiment, réellement, objectivement, hors du sujet connaissant. Autrement la loi de la gravitation ne serait pas objective, n'exprimerait pas les rapports réels des corps vrais, n'aurait aucune valeur scientifique.

Cette explication, qui repose sur les grands principes de la philosophie scolastique, peut être donnée pour toutes les découvertes des sciences modernes. Elle est conforme à l'expérience, au bon sens, à la raison ; elle a pour elle la netteté, la simplicité, la clarté, signes évidents de vérité. L'explication kantiste est obscure, ténébreuse, tortueuse, contradictoire, inintelligible, et toutes ces notes caractérisent l'erreur.

C'est pourquoi nous nous abstiendrons d'examiner les idées de M. Denis sur l'apologétique. Il faudrait d'abord consacrer plusieurs chapitres, à les exposer clairement et on encourrait sans doute, après ce labeur ingrat, le reproche de n'avoir rien compris. Certes, cet écrivain est un esprit fécond, érudit, ouvert à toutes les nouveautés et défendant ses doctrines avec une hardiesse toute juvénile et quelque peu intransigeante. Qu'il étudie donc avec soin la philosophie de Kant, la philosophie thomiste et la théologie traditionnelle ; ce sera le moyen d'en parler clairement et avec compétence.

En attendant cet heureux jour, il est plus utile d'examiner le néo-apologisme dans les œuvres de philosophes plus calmes, plus pondérés et connaissant la doctrine qu'ils préfèrent et les doctrines qu'ils combattent.

A la tête de ces auteurs se place le P. Laberthonnière. Disciple un peu trop docile de M. Blondel, ce savant religieux accepte le principe de l'immanence, s'efforce d'en démontrer la vérité et de le dégager des erreurs vers lesquelles il semble, au premier abord, devoir se précipiter. Jusqu'à quel point y a-t-il réussi, nous le verrons dans le cours de ce travail ; nous chercherons si la philosophie et la théologie de l'École méritent les accusations sous lesquelles on les accable. Mais au moins en lisant les trois premières dissertations des *Essais de philosophie religieuse*, c'est-à-dire le *dogmatisme moral,* les *éclaircissements*, le *problème religieux*, on comprend à peu près, non parfois sans quelque difficulté, la plus grande partie de ce qu'on lit; on

sait où l'on va ; la critique trouve où se prendre. Et
ce travail procure une joie véritable. De l'apologie
nouvelle qui était auparavant pour moi une théorie
mystérieuse et insaisissable, je crois posséder après
avoir lu cet intéressant volume, une idée nette et
claire. A défaut d'autres qualités, la critique à
laquelle je l'ai soumise, en discutant les textes
mêmes de l'auteur, me semble posséder la clarté et
la précision qui sont les qualités maîtresses de toute
discussion philosophique et religieuse. Les lecteurs
qui voudront bien poursuivre jusqu'au bout et
avec attention la lecture des pages que je soumets à
leur appréciation, me rendront peut-être, du moins
'ai cette espérance, le témoignage que j'expose la
doctrine du R. P. avec sincérité et que les arguments
invoqués contre elle ne manquent pas de justesse.
Loin de moi la prétention d'avoir tout dit ; je n'ai
fait qu'effleurer la question si difficile de la grâce,
où se trouve le nœud essentiel du débat entre
l'apologétique traditionnelle et le néo-apologisme.
Que les théologiens la traitent avec tout l'ampleur
qu'elle mérite. Alors les partisans des idées nouvelles, mieux éclairés, cesseront évidemment leurs
attaques contre la méthode scolastique et se rési-
gneront sans doute à accepter, pour la doctrine qui
leur est chère, la place subordonnée qui lui convient. Le premier rôle, en théologie comme en toute
autre science, revient à l'intelligence ; la volonté,
même pénétrée par la grâce, ne peut marcher qu'à
la suite. En suivant une autre méthode, on s'expose
aux pires erreurs. Le P. Laberthonnière le reconnait implicitement. Le progrès vers la vérité est
sensible, du *Dogmatisme moral* aux *Éclaircissements* et de ceux-ci au *Problème Religieux*. Lorsque

notre philosophie aura fait à l'enseignement traditionnel les concessions indispensables, l'Immanence
adoucira ses prétentions, cessera de vouloir
détruire et constituera un vrai progrès.

Alors les idées nouvelles, qui se présentaient
avec un air agressif sous la plume de certains de
leurs défenseurs vraiment trop agités, non seulement ne feront courir aucun danger à la foi catho-
et à la sainte théologie ; mais elles provoqueront
des travaux personnels sur toutes les branches de
la science sacrée et à une époque où l'impiété
s'apprête à livrer à la religion un assaut doctrinal
terrible, sauveront de la barbarie, du panthéisme, du
matérialisme et de l'athéisme, les grandes vérités
du spiritualisme chrétien et tout l'ensemble des
dogmes révélés.

3. — Le mouvement intellectuel est chose excellente en soi. Il y a, dans les presbytères de France,
des forces vives d'intelligence et de bonne volonté,
qui doivent profiter de la lutte présente pour se
mettre en valeur. Le ministère des âmes dans
l'immense majorité des paroisses rurales ne peut
absorber, hélas ! vu l'indifférence religieuse des contemporains, l'activité des pasteurs. Tout le monde
ne peut pas être archiprêtre ; nul même n'est obligé
de se voir placé à la tête d'une de ces paroisses
importantes qui prennent tout le temps des titu-
laires. Pas plus que la volonté et l'intelligence, le
temps pour étudier ne fait donc défaut à la campagne.

J'ajoute qu'au village on jouit d'une indépendance
de la pensée plus grande que partout ailleurs.
Quand on enseigne dans les collèges libres ou dans
les petits ou grands séminaires, voire même dans

certaines facultés des Universités catholiques, on
peut être entraîné presque malgré soi à des com-
promissions doctrinales fort dangereuses. Je ne
parle pas ici des Facultés de théologie où les grades
sont conférés par un jury indépendant, exclusivement nommé par les Évêques fondateurs et où l'État
n'intervient en aucune façon. Mais depuis la loi de
1879, qui abolit l'institution du jury mixte et diminue par là la liberté de l'enseignement supérieur
et de l'enseignement secondaire, la collation des
grades pour les diplômes des baccalauréats, des
licences, des aggrégations et des doctorats de
toutes sortes est réservée au jury nommé par
l'État seul.

Loin de moi la pensée de suspecter l'impartialité
des examinateurs officiels ; je me suis clairement
exprimé là-dessus dans la préface de *Kant et Kantistes*, et j'ai rendu à la dignité du caractère, chez
les professeurs des Facultés de l'État, un légitime
hommage.

Il n'en est pas moins vrai que les candidats aux
grades universitaires et leurs professeurs ne tiennent pas à heurter de front les opinions des membres du jury. Or, dans l'Université, on affecte un
suprême dédain pour la philosophie thomiste, que
l'on ignore du reste complètement ; on suit les
principales données du criticisme kantien. Faut-il
s'étonner dès lors, si un nombre considérable de
membres du clergé enseignant s'éloignent de la
philosophie traditionnelle, et se laissent peu à peu
pénétrer par la grande erreur contemporaine, le
subjectivisme, d'ou découlent tant de faux systèmes?

Faut-il s'étonner si les innovations les plus
étranges en exégèse et en apologétique trouvent tant

de partisans dans les rangs du clergé enseignant ?

Les membres du clergé paroissial ont sur ces confrères une supériorité incontestable ; leur liberté de penser est pleine et entière. Ils sont délivrés du souci de se plier aux caprices de la mode, de se conformer aux opinions dominantes, et peuvent suivre franchement et fermement les directions doctrinales des souverains Pontifes.

Un autre avantage doit-être aussi signalé ; c'est le séjour à la campagne. Car le milieu où l'on est exerce une influence sur les doctrines. Quand on vit en plein air et sous le soleil du Bon Dieu, quand on est le témoin perpétuel des merveilles de la nature et qu'on se promène souvent au milieu des moissons jaunissantes ou sous les chênes séculaires des forêts domaniales, on ne peut pas être kantiste, croire, sur la foi des philosophes allemands, que nous ne percevons que nos représentations subjectives, et qu'il n'y a, en dehors de nous, que des atomes mus dans l'obscurité et le silence.

En été, je suis réveillé tous les matins par le chant d'un rossignol, que je n'ai jamais pu voir, tant il se cache bien sous le feuillage d'un tilleul planté à six mètres de ma chambre à coucher. Tous les jours ce gentil petit oiseau salue l'approche de l'aurore par les modulations les plus variées et les plus harmonieuses. Je l'entends, car je ne suis pas sourd ; le docteur qui me donne à l'occasion ses soins a toujours constaté chez moi une grande finesse de l'ouïe. Ni Descartes, ni Kant, ni Jean Müller, ni Schopenhauer, ni Hartmann, ni Helmoltz, ni Liard, ni Rabier ne réussiront jamais à me persuader que je n'entends que des bourdonnements d'oreilles et que le rossignol et le tilleul n'existent pas hors de moi, mais seulement dans ma tête. Le bon sens existe encore au village et préserve de l'erreur subjectiviste, condamnée d'ailleurs par la conscience de tous les hommes, par l'expérience universelle, par l'intelligence, par le raisonnement, par la vraie science.

La subjectivité de l'espace et du temps, les douze catégories de l'entendement, les antinomies de la raison, et tous les autres affirmations de la critique — sur lesquelles est fondé le néo-apologisme, — ne peuvent être admises et se développer à l'aise que dans l'atmosphère factice des écoles et ne trouvent de partisans convaincus que parmi les amateurs d'abstractions et de systèmes fermés, isolés de la nature et de la vie.

Ceci explique pourquoi l'opposition des novateurs aux méthodes traditionnelles et leur tentative de modifier d'une façon radicale l'enseignement des sciences sacrées ont soulevé une réprobation si unanime au sein du clergé paroissial. Il est à désirer que celui-ci ne se borne pas à une désapprobation passive et sans efficacité. Qu'il entre dans la lutte intellectuelle du temps présent et qu'il utilise les riches ressources dont il dispose.

A une époque telle que la nôtre, où tout est révoqué en doute, où des erreurs pernicieuses tentent de s'infiltrer jusque dans le sanctuaire, tout prêtre a le devoir de s'opposer de toutes ses forces à l'invasion des doctrines téméraires. Les efforts individuels seront soutenus, dirigés par l'action personnelle et effective de Nos Seigneurs les Évêques qui sont aussi, par leur union avec le Saint-Siège, les maîtres et les docteurs de la science sacrée. Alors les conférences ecclésiastiques élargiront leur programme actuel, peut-être trop élémentaire ; et une organisation progressive, que nous appelons de tous nos vœux, satisfera l'activité intellectuelle des prêtres parvenus à la maturité, qui ont toujours aimé l'étude et pourront mettre en œuvre les matériaux recueillis pendant de longues années de travail.

Plus que jamais, l'étude des sciences ecclésiastiques est un apostolat. La persécution religieuse ne frappe les personnes et les institutions que pour atteindre les doctrines. Le but poursuivi et hautement avoué par les sectaires est la guerre implacable contre la philosophie spiritualiste et chrétienne, contre les dogmes révélés et la morale de l'Évangile, au profit de l'athéisme, du matérialisme, du positivisme et de la morale païenne, basée sur l'intérêt et le plaisir.

Aujourd'hui, César est plus avide qu'au temps jadis ; sa tyrannie est perfectionnée. Il ne se contente pas de jouir de tous les avantages du pouvoir et de dominer sur les corps ; il veut façonner et pétrir à sa guise les âmes mêmes, les intelligences et les volontés, et prétend que, désormais, on ne devra vouloir et penser que selon son bon plaisir.

Puisque ce sont les idées qui mènent le monde, n'est-il pas nécessaire qu'en prévision de cette guerre doctrinale prochaine, le clergé se munisse des armes qui lui assureront la victoire? N'est-ce pas pour lui un devoir essentiel d'étudier les erreurs contemporaines, pour les combattre? Et comme toutes ces erreurs découlent de la philosophie kantienne, allemande et protestante, et que, même dans les écoles primaires, la morale de Kant a fait déjà son apparition, n'est-il pas indispensable aux ministres de la religion d'acquérir une forte instruction philo-

sophique? Le temps n'est plus où l'on pouvait laisser
cette science aux spéculatifs et aux rêveurs. L'arsenal
où se trouvent les armes.les plus solides contre les
erreurs, que l'on veut substituer aux vérités chrétiennes, est la philosophie de saint Thomas, étudiée
dans les œuvres du saint Docteur et de ses commentateurs modernes. Si les novateurs en exégèse et en
apologétique en avaient possédé une connaissance
suffisante, ils y auraient trouvé le préservatif contre
les fausses et dangereuses illusions où le kantisme
les entraîne. La méthode si forte de l'École aurait
discipliné leur esprit, que le subjectivisme et le
criticisme à la mode entraîneront fatalement, s'ils
ne réagissent avec vigueur, vers le scepticisme
absolu.

4. — Qu'on nous permette, avant de finir ces
réflexions préliminaires, de comparer brièvement les
deux méthodes.

1° Bien loin de faire tout reposer sur le syllogisme,
comme on les accuse, et sur le raisonnement déductif,
les scolastiques enseignent que l'origine de la science
est la connaissance sensible et la connaissance intellectuelle, directes, immédiates et presque intuitives.
Je perçois directement, sans raisonner, le monde
extérieur et ma propre existence; je vois directement la vérité objective des axiomes et des principes;
les vérités primordiales et les faits d'expérience
n'ont pas besoin de démonstration, étant évidents
par eux-mêmes. Les philosophes thomistes se con-
tentent de l'évidence et, pour voir le soleil, déclarent
n'avoir pas besoin d'autre lumière.

Les disciples de Kant n'admettent pas les faits,
tels qu'ils se passent et tels qu'ils sont. Pour eux,
nos sens ne nous font voir que des apparences subjec-

tives et non pas les êtres du dehors; les axiomes et les vérités premières ne sont que les produits de l'intelligence seule et ne peuvent rien nous révéler sur le monde. Ils arrivent à ces belles conclusions par la critique de leurs facultés; et cette critique, œuvre de la raison raisonnante, travaille avec des idées sèches, arides, abstraites et construit dans le vide des raisonnements abstraits et de très durs syllogismes. Le reproche des adversaires et des néo-apologistes contre la philosophie traditionnelle n'est vrai que contre le kantisme.

2° L'intelligence humaine, une fois qu'elle possède bien les vérités primordiales, ne peut voir d'un seul coup d'œil toutes les vérités particulières qu'elles contiennent.

C'est un fait que la connaissance des axiomes de la géométrie et de l'arithmétique ne me fait pas acquérir immédiatement la connaissance de tous les théorèmes de la trigonométrie et du calcul intégral. Parce que je sais que tout fait a une cause, je n'embrasse pour cela, avec une science parfaite, les liens réels entre toutes les causes et tous les effets.

La nécessité s'impose donc de recourir à des idées intermédiaires entre les principes et les conclusions, à des *moyens termes,* lesquels me feront découvrir des vérités que sans cela j'ignorerais toujours.

Le syllogisme inductif ou déductif est donc indispensable, non seulement à la philosophie, mais à toute science, aux sciences d'observations comme aux sciences exactes. Il est une loi de l'intelligence humaine, trop faible pour tout embrasser d'un seul regard, et la condition absolue du progrès.

Au procédé déductif, les modernes subjectivistes préfèrent l'inspiration directe. L'esprit se met alors

u service de la volonté et de l'imagination. Cette
lernière puissance, si précieuse quand elle n'est
ue collaboratrice, ne se sentant plus retenue par
es lois de fer de la pensée logique, exerce alors un
ouverain domaine sur l'intelligence à l'aide des
·eprésentations capricieuses que font naître les
·entiments fortuits et les désirs secrets du cœur.
\insi s'expliquent psychologiquement les erreurs
les philosophes modernes, en particulier de Des-
artes et de Kant, animés tous deux, d'une aversion
)resque aveugle contre les philosophes antérieurs,
t poussés tous deux par le désir immodéré d'in-
·enter des systèmes inédits.

3° Un autre avantage de la scolastique consiste en
e qu'elle reconnaît le caractère imparfait et limité
le la science humaine. Nous n'avons pas l'intuition
le l'essence des corps, dit saint Thomas, et nous
:ommes obligés d'introduire dans les définitions de
a matière, ses propriétés accidentelles. A plus forte
·aison, l'École proclame-t-elle la faiblesse de la
·aison humaine, et quand il s'agit de l'essence, de la
1ature de Dieu. Et il faut ne pas posséder la
)remière notion de la scolastique, pour lui attribuer
omme vient de faire M. Fonsegrive dans la *Quin-
·aine*, la théorie de la science plénière et parfai-
ement adéquate.

Mais si les philosophes thomistes ne s'illusionnent
)as à ce point, ils enseignent cependant que notre
·cience n'est pas nulle, que nous connaissons immé-
liatement l'existence et les propriétés des choses
·ensibles, que nous avons de notre âme une science
·ès belle et très vraie, que du spectacle du monde
t de la connaissance de nous-mêmes nous nous
·levons à la connaissance de l'Être et des attributs

de Dieu, que la cosmologie, la psychologie et la théologie nâturelles sont des sciences véritables, nous donnant sur leurs conclusions légitimes une certitude réelle et objective.

De la faiblesse de nos facultés, les kantistes concluent à leur impuissance radicale ; et les arguments dont ils se servent pour en arriver là sont les sophismes chers aux sceptiques. D'ailleurs, en concluant au scepticisme, ils affirment encore et se contredisent. Si nos facultés ne peuvent nous conduire à la vérité, la seule ressource qui nous reste consiste à cesser de philosopher et de penser. Affirmer le doute, c'est ajouter foi à l'intelligence et faire œuvre de dogmatisme.

4° Mais, ce qui surtout caractérise essentiellement la scolastique, ce qui la distingue le plus fortement du subjectivisme, c'est que les anciens estimaient qu'il n'appartient pas à chaque intelligence individuelle de détruire l'édifice scientifique construit par les siècles antérieurs. Ils regardaient la science comme le patrimoine de l'humanité, que les générations contemporaines ont le devoir d'augmenter et de faire fructifier. Comme un grand édifice exige le concours de milliers d'artisans dont chacun contribue, par son travail, à la beauté, à la solidité de l'ensemble, ainsi dans le domaine de l'esprit, les activités d'innombrables penseurs ajoutent, à travers les âges, des éléments nouveaux aux résultats acquis. Telle était, suivant leur opinion, la condition nécessaire du progrès ; et cet état d'esprit permettait à un homme de génie d'élever un monument scientifique, tel que la somme de saint Thomas, où se trouvent réunis, dans un ensemble harmonieux, les efforts intellectuels des plus grands philosophes de tous les temps.

Tout autre est le point de vue des modernes :
Descartes proclame la nécessité de penser autrement
que les anciens ; à chacune de ses pages, on sent
percer un mépris souverain pour les idées d'autrui
et une confiance vaniteuse et naïve dans l'infaillibilité de ses propres conceptions. Kant réduisit à
néant l'œuvre de Descartes et s'intitula modestement
le Copernic des temps modernes.

Depuis que le subjectivisme règne en maître, le
penseur se borne à l'observation de soi-même et
croirait déroger, s'il ne se signalait à l'admiration de
la postérité par l'invention d'une idée bizarre, dont
il fait un principe incontestable. Il n'y a pas un
professeur intelligent qui ne se croie un nouvel
Archimède et qui ne s'imagine avoir découvert une
vérité capable de révolutionner la science et de promouvoir d'admirables progrès. Les dédains du néo-
apologisme contre les philosophes et les théologiens
des plus beaux siècles de l'Église, et leur confiance
illimitée dans leurs propres conceptions, montrent
que nous n'exagérons guère.

Encore si l'indépendance de la pensée dont on se
vante était réelle et non pas seulement apparente et
superficielle ! Il n'appartient qu'à un petit nombre
de génies d'inventer des conceptions inédites et une
méthode vraiment nouvelle. Kant n'est pas si ori-
ginal qu'il le paraît ; il a pour ancêtre Protagoras
qui disait, avec la clarté de la langue grecque, que
l'homme est la mesure de toutes choses ; ce qui est le
principe même du kantisme. L'actif de la *Raison
pure* se compose surtout de l'attirail très lourd des
idées allemandes et d'une multitude de mots nouveaux et presque cabalistiques.

S'il en est ainsi du chef, que doit-on dire des

disciples ? Le P. Laberthonnière se met à la suite
de M. Blondel qui se réclame de Kant, lequel est le
grand maître. Peut-on vraiment se vanter d'être
indépendant et parfaitement autonome et de ne
croire qu'à soi, parce que les leçons du maître qu'on
suit sont difficiles à comprendre ? Ce n'est, certes,
pas un mérite vulgaire d'avoir lu l'œuvre principale
de Kant et de savoir s'orienter dans cette forêt
d'abstractions. Cela prouve une puissance intellectuelle qui n'est pas commune. Mais, si l'on accepte
toute cette doctrine, si l'on admet, parce qu'elles ont
la vogue, tant d'assertions si étranges sans en faire
soi-même une juste et complète critique, peut-on
soutenir que l'on est affranchi de toute tutelle et que
l'on pense librement ? A ce point de vue, quelle
supériorité le kantiste possède-t-il sur un de ces
pauvres néo-scolastiques, si injustement dédaignés ?
Le premier est disciple de Kant, l'autre se met à
l'école de S. Thomas. Celui-ci trouve en lui-même,
dans son expérience personnelle, dans sa conscience,
dans sa pensée réfléchie, la confirmation des belles
doctrines de l'ange de l'Ecole. Celui-là est obligé de
faire un acte héroïque de volonté pour adhérer aux
inventions de son maître, qui sont contraires à toutes
expériences. Ce dernier aboutit au doute qui est la
mort de l'activité intellectuelle. L'autre atteint la
vérité, la possède et en jouit. Le kantiste est obligé
d'instituer en lui-même une lutte perpétuelle entre
la raison pure et la raison pratique ; et, pour bien
agir, doit aller contre les principes qu'il a admis
spéculativement. L'harmonie règne dans l'âme du
philosophe thomiste ; le divorce, contraire à la
nature, n'existe pas dans son intelligence, il agit
d'une manière conforme aux conceptions qu'il s'est
appropriées.

5. — Pour toutes ces raisons, nous nous déclarons franchement thomiste et scolastique. Le présent travail, qui est la critique du Volontarisme et de l'Immanence, a puisé toutes ses inspirations dans la philosophie et la théologie de l'École. Je n'ai nullement la prétention d'innover et de faire avancer d'une ligne la science. Tout simplement, je me propose de bien faire comprendre les doctrines que je combats et de les critiquer avec les plus solides arguments que j'ai trouvé dans les meilleurs auteurs thomistes.

Parmi ceux-ci, il en est un que j'ai cité plus souvent et auquel je dois, pour plus d'une raison, une mention spéciale C'est M. le Chanoine Jules Didiot, ancien professeur et ancien doyen à la Faculté de théologie de Lille. M. Denis, dans son récent écrit sur *la situation du clergé,* a osé dire avec plus de juvénile imprudence que de respect de sagesse et de vérité, que les intelligences des théologiens de Lille *étaient fermées, comme à l'émeri,* au progrès des sciences sacrées. Pour tenir ce langage, il faut ignorer absolument l'œuvre des savants professeurs qui enseignent dans la plus illustre faculté théologique de France, il faut ne jamais avoir lu ni même touché du bout du doigt le *Cours de théologie catholique* publié par M. Didiot et qui, hélas ! restera inachevé. Là, cependant, notamment dans les deux volumes de la *logique surnaturelle,* se trouvent des trésors le science théologique sagement progressive. C'est dans cette mine précieuse que j'ai trouvé mes meilleurs arguments contre le néo-apologisme. Je le dis hautement avec une profonde reconnaissance et des regrets très douloureux.

Il y a quelques semaines Dieu rappelait à lui le

prêtre si pieux, le philosophe si profond, le théologien éminent dont toute la vie fut consacrée aux plus
hautes sciences, dont l'enseignement eut tant d'éclat
et fut si apprécié de la France catholique.

En étudiant son œuvre magistrale, tout inachevée
qu'elle est, on trouvera tous les éléments d'une réfutation complète de la grande erreur actuelle, le subjectivisme, le scepticisme kantien. Et l'on saisira
avec une éclatante lumière la fragilité des innovations qui osent introduire, à la base de la démonstration religieuse, les imaginations du philosophe
de Koenigsberg. Et l'on suscitera en soi-même les
deux grandes et nobles passions qui ont animé la
vie de M. Didiot; un amour ardent pour la sainte
théologie et une fidélité inébranlable à l'Eglise et
aux directions intellectuelles des souverains Pontifes.

Si des catholiques imprudents vont chercher la
lumière dans la critique destructive des luthériens
allemands, c'est qu'ils ignorent ou du moins ne connaissent que d'une façon superficielle et trop élémentaire la philosophie et la théologie traditionnelles.
A maintes reprises, nous l'avons constaté dans les
pages suivantes. Elles ont été écrites pour la *Revue
des Sciences ecclésiastiques*. Si je les publie à part,
c'est que des juges compétents m'ont dit qu'elles ne
seraient pas inutiles au clergé. Naturellement, cette
appréciation bienveillante a conquis mon adhésion.

Ce qu'il y a de certain, c'est qu'elles sont inspirées par un amour très raisonné envers la doctrine
et la méthode scolastique, et un attachement invio-
lable aux directions pontificales.

Autrécourt, le 25 janvier 1901.

CHAPITRE PREMIER

LE RAISONNEMENT & SES ENNEMIS

---

1. Si nous appliquons les principes de la méthode scolastique au problème religieux, nous ne tarderons pas à voir quels sont, d'après l'enseignement de la philosophie et de la théologie traditionnelles, les éléments psychologiques de la religion.

Le premier est la connaissance de Dieu. La religion implique, il est vrai, l'idée de la subordination de l'homme vis-à-vis du Créateur ; mais cette idée n'est pas première dans notre esprit. Elle découle d'une idée antécédente, qui est la connaissance intellectuelle de Dieu.

Avant de connaître le rapport de dépendance qui nous lie vis-à-vis de Dieu, il est de toute nécessité que nous connaissions, au préalable, Dieu lui-même.

Cette connaissance de l'Être souverain est très facile et très naturelle à l'homme ; elle existe dans toutes les intelligences, même les plus bornées.

De la perception sensible qui lui montre les êtres particuliers, tout homme, sans nul effort, par l'effet de la tendance naturelle de sa raison, dégage l'idée et la réalité de l'être. Réfléchissant sur soi-même, il perçoit son impuissance et sa faiblesse ; il se demande ce qu'il est, d'où il vient, où il va.

Avec l'idée d'être, brille dans son esprit cette autre notion que rien n'existe sans principe et sans but. Sa raison en conclut alors l'existence d'un Premier Principe, qui est la cause de tout ce qui est, d'une Fin dernière, où tend tout ce qui est, d'un Être transcendant et infini, qui supporte tout ce qui est.

Rien n'est plus naturel à l'homme que cette suite de pensées. La seule vue de la Création, suivie d'un raisonnement très simple et qui ne dépasse pas la portée des intelligences les moins cultivées, élève l'homme naturellement à la connaissance de Dieu, comme Auteur, Premier Moteur et Providence du monde. Cette notion se perfectionnera plus tard par la réflexion, l'étude et l'expérience. Le principe de causalité se précisera dans l'esprit ; le penseur saisira parfaitement la dépendance causale des choses entre elles et la nécessité d'une cause première. Mais

les éléments essentiels d'une science de Dieu sûre
et claire se trouvent déjà dans le raisonnement
primitif et spontané.

Tous les hommes possèdent cette science. On n'a
jamais vu de peuple sans religion, disait Cicéron
dans un texte fameux, dont aucune découverte
récente n'a infirmé la valeur. D'ailleurs, l'humanité
doit être jugée d'après les hommes qui ont au moins
une culture élémentaire, et non d'après la vie des
barbares dégénérés. Et Tertullien eut raison de
reprocher aux païens de son temps leur impiété à
l'égard du vrai Dieu. « Vous le connaissez bien,
ajoutait-il, c'est lui que vous invoquez dans le péril,
et non pas Mars, Minerve ou Jupiter ».

Si les criticistes s'insurgent contre cette doctrine,
s'ils ne veulent pas que la religion ait pour fondement psychologique la connaissance certaine et
objective de Dieu, c'est parce que la connaissance
objective est, comme la vérité, exclusive et intolé-
rante. Elle ne se plie pas aux caprices de l'imagination et de la volonté arbitraire ; elle ne permet pas
à chacun de vivre à sa guise, elle ne veut pas que le
plaisir soit le seul but de l'existence. Voilà ce
que redoutent les philosophes contemporains. Ils
trouvent plus commode de soutenir, à l'exemple de
l'épicurien Renan, que « la religion est une création
spontanée de l'âme, tirant de son propre fonds un
certain nombre d'images qu'elle appelle vérités
religieuses, bien qu'elles n'aient avec la science que
de lointaines analogies ».

2. Le deuxième élément psychologique de la
religion est la soumission de la volonté. Voyant en
Dieu le principe de toutes choses, l'homme constate
le fait de sa dépendance. Cette constatation est

objective et a le caractère d'une connaissance vraie.
De là résulte l'obligation de se tenir vis à vis de
Dieu dans une attitude correspondant à cette sujétion,
c'est-à-dire d'obéir à la loi morale. La nécessité de
se soumettre est perçue, non comme une tendance
subjective, mais comme une loi fondée sur la nature
des choses. Telle est l'origine du devoir, qui nous
oblige à honorer Dieu comme notre Principe, à
l'adorer comme Tout-Puissant, à le servir comme
Maître suprême, à obéir à toutes les prescriptions
de la loi morale, naturelle et divine.

La moralité consiste dans l'observation de l'ordre
voulu par Dieu, tel que cet ordre se montre dans la
nature externe et interne et se révèle à la conscience.
Les concepts de religion et de moralité ne sont pas
sans doute identiques. La religion est le rapport de
l'homme à Dieu, la moralité est le rapport de nos
actions à la loi morale. Cependant, l'union entre ces
deux idées, ces deux réalités, est interne et profonde.
Sans religion, la moralité n'existe pas. L'homme
moral doit se conformer à ce principe du droit : A
chacun ce qui lui est dû. Il se reconnait soumis à
Dieu, il perçoit la loi morale comme l'expression de
la volonté de Dieu, il comprend que faire le bien,
c'est obéir à Dieu, que faire le mal, c'est offenser
Dieu. De même, sans moralité, la religion n'existe
pas et n'est qu'une vaine hypocrisie. Evidemment,
nous ne parlons ici que de la vraie religion. Seul,
le Christianisme possède ce signe essentiel qui le
distingue des religions fausses, d'être indissolu-
blement uni avec la loi morale.

Le rôle de l'intelligence est facile à constater dans
ce deuxième élément religieux, qui est l'acte volontaire. La moralité suppose la connaissance de la

loi, la volition est inexplicable sans l'intervention de l'intelligence. La volonté, selon la juste et profonde définition de la philosophie scolastique, est la tendance raisonnable. Otez l'acte intellectuel avant le vouloir, il ne reste que la fatalité et l'instinct.

Ces raisonnements ne doivent pas être confondus avec une démonstration réfléchie et méthodique. Ils sont produits spontanément par la seule logique du bon sens dans toute raison humaine. Ils résultent des inclinations naturelles que le Créateur a mises en nous pour nous conduire avec facilité et douceur vers le vrai, le beau, le bien. La philosophie chrétienne admet l'existence d'une tendance intellectuelle, qui pousse l'âme à l'acquisition de la vérité et nous fait goûter dans sa possession une joie d'ordre supérieur. Elle admet ensuite dans la volonté une inclination morale, qui nous fait trouver une complaisance naturelle dans les actions intrinsèquement bonnes et honnêtes et nous détourne des actions mauvaises. Elle admet enfin une inclination esthétique, par laquelle nous sommes entraînés naturellement à aimer l'ordre, l'harmonie, la beauté. Refuser de reconnaître dans la nature humaine ces nobles inclinations, c'est lui ravir une partie de ses qualités essentielles, c'est la mutiler.

Mais ces tendances ne sont pas, par elles-mêmes, des critères, c'est-à-dire des règles souveraines et sûres pour notre connaissance et nos opérations. Elles sont très utiles, elles provoquent les actes de l'intelligence et de la volonté, mais ne les constituent pas. La faculté sur laquelle Dieu a mis un reflet de sa divine lumière, dit saint Thomas, c'est l'intelligence, qui seule nous fournit les règles certaines, pour que nous atteignions, dans l'ordre natu-

rel, la vérité et le bien moral. Et dans l'ordre surnaturel, c'est à l'intelligence que Dieu propose la
révélation entourée par lui de caractères faciles à
discerner, qui ont pour but de rendre l'assentiment
raisonnable.

3. Mais les facultés supérieures et spirituelles
coexistent dans l'homme avec les puissances sensibles. Il y a en nous des sentiments, des affections,
des passions, des inclinations qui nous poussent
avec une énergie puissante vers les biens inférieurs.
La volonté n'est pas désarmée devant ces forces qui
sont en soi aveugles. Au lieu de se laisser entraîner
et d'entraîner l'intelligence avec elle vers les satis-
factions instinctives et brutales, elle peut se diriger
vers le désir et l'amour des biens élevés et spirituels.
C'est ainsi que le sentiment devient, à une place
subordonnée, mais grande encore, un des éléments
de la religion. Ce que l'homme saisit par sa seule
intelligence et sa volonté seule n'est pas sa propriété pleine et entière, s'il ne l'embrasse avec tout
son cœur. Du cœur jaillit l'enthousiasme qui donne
à la pensée une clarté incomparable et à la volonté
une indomptable énergie. Quand les connaissances
religieuses et les vertueuses résolutions agissent
sur la vie sensible, elles en reçoivent un efficace
concours. Que de fois, le cœur inspire des actes
héroïques, là où la pensée sèche et froide resterait
en arrière ! Le cœur est la source d'un progrès
moral incessant et d'une vie religieuse très intense.
Son éducation appartient à la religion, non seulement comme un effet de la volonté, mais comme un
devoir.

De là vient le précepte de l'amour de Dieu et du
prochain, la première, l'unique loi de la morale

évangélique. De là l'importance psychologique et métaphysique de la dévotion envers le sacré Cœur de Jésus, cette forme contemporaine de la religion, si bien adaptée à la nature humaine et si nécessaire à une époque où tant d'intelligences sont obscurcies et tant de volontés défaillantes.

Tel est le vrai rôle du sentiment dans la religion. Il est précédé de la volonté et tous deux suivent la direction souveraine de l'intelligence.

Contre cette doctrine, qui est celle de la tradition patristique et scolastique, s'élèvent de multiples adversaires. Les uns, franchement hérétiques, font, de la religion, un problème où la raison n'a rien à. voir, où le sentiment est tout : c'est le sentimentalisme protestant. D'autres, ayant des tendances tout opposées, et se proposant pour but de réagir contre le rationalisme du XVIII° siècle, enlèvent tout pouvoir à la raison et soutiennent que la religion n'a pas d'autre fondement dans les âmes que la foi seule : ce sont les fidéistes. D'autres enfin, accordent à la raison une puissance exagérée et prétendent que l'intelligence humaine, par ses forces naturelles, contemple en ce monde l'essence divine elle-même : ce sont les ontologistes. Le P. Gratry est l'auteur d'une dialectique spéciale, également éloignée du fidéisme et de l'ontologisme: il ressemble aux adversaires que nous venons d'énumérer par son aversion pour la méthode de la philosophie et de la théologie scolastique. Toutes ces erreurs ont pour caractère commun la lutte contre le raisonnément et le procédé syllogistique.

4. Luther n'a pas dissimulé le but qu'il poursuivait en détestant si fort la raison et l'un de ses plus illustres représentants, saint Thomas d'Aquin ; ce

but était la destruction de l'Église catholique elle-
même. « *Solve Thomam*, disait-il, et *dissipabo
Ecclesiam*.» Fidèle à son erreur fondamentale sur
la corruption absolue de la nature humaine, fruit
du péché originel, il enseignait que la raison est
ennemie de la foi et la « fiancée du diable. Parmi
tous les périls dont l'homme est environné sur la
terre, ajoutait-il, le plus grand est sa propre raison,
quand elle se mêle de parler de Dieu et de l'âme.
Tout ce qu'elle dit est honte et blasphème. Il est plus
facile à un âne de parler qu'à l'intelligence de
connaître la vérité. »

Les premiers protestants, tout en adhérant de
cœur à ce dogme luthérien sur l'impuissance radicale de la raison, usèrent pendant de longues années
et surtout abusèrent du procédé syllogistique dans
leur controverse patristique et scripturaire. Pour
interpréter, dans un sens favorable à l'hérésie, les
paroles de la Sainte Écriture, des Pères et des
Conciles, ils employèrent à torturer les textes une
dialectique infiniment plus ardue que n'en avaient
montré les théologiens et les philosophes de la déca-
dence scolastique. Cet abus qui s'étalait non seulement dans les livres et les conférences doctrinales,
mais même dans les prédications populaires, amena,
par une réation inévitable, l'abandon de toute discussion, de toute démonstration de la vérité religieuse. La proscription de l'intelligence, que devait
légitimer Kant, prépara l'avènement du sentimentalisme qui règne aujourd'hui dans toutes les sectes
protestantes et constitue le seul dogme admis par
les hérétiques.

La religion, disent-ils, n'est qu'une affaire de
sentiment et de conscience intime. Selon Lessing,

la faculté religieuse de l'homme n'est pas l'intelligence, mais l'imagination qui s'élève à Dieu par des impulsions sentimentales. Le sentiment religieux est une faculté spéciale qui l'emporte en intensité sur toutes les autres puissances et fait cesser la vie de l'esprit. La religion est uniquement un objet d'attrait personnel. Nulle relation n'existe entre la religion et la vérité, ou plutôt la vérité religieuse consiste dans une ferveur intime subjective, dans une tristesse infinie que l'on ressent en se repliant sur soi-même et en considérant ses péchés. L'âme seule noue avec Dieu des relations où la science n'a rien à voir. Ce mépris de la raison et de la théologie naturelle et surnaturelle est l'essentiel caractère du luthéranisme contemporain.

5. Mais si l'on est d'accord sur cette question, on se divise quand on veut expliquer l'origine et la nature du sentiment religieux. Selon les uns, il n'a qu'une valeur pratique et ne peut trouver aucun appui dans la science. Celui-là croit en Dieu qui désire croire ; cette foi fait du bien et apaise certaines aspirations vagues et indéterminées du cœur. D'autres, imbus de panthéisme, comme Fichte le Jeune, et envisageant surtout le côté moral, voient en Dieu le principe du bien réalisé par les créatures ; le sentiment religieux consiste à se savoir et à se sentir en Dieu. La religion n'a pas de dogme, n'impose aucun devoir spécial. Jacobi insiste sur le dualisme entre la tête et le cœur. Selon lui, le panthéisme de Spinoza est la dernière conséquence de la pensée philosophique : mais le sentiment est plus fort que la pensée et postule un Dieu personnel. Ce philosophe se proclame païen par son intelligence et chrétien par le sentiment. Ce christianisme

très rudimentaire consiste à sentir et à aimer le vrai, le beau, le bien.

Le théoricien du sentimentalisme est Ulrici, qui veut expliquer par des motifs rationnels la légitimité du retour de la religion au seul sentiment. L'existence de Dieu, dit-il, se fait connaître, d'une manière immédiate mais imparfaite, par le sentiment religieux. Comme la sensation nous manifeste l'existence des choses extérieures, ainsi Dieu se manifeste à notre âme en y faisant naître une affection dont il est l'objet. La force créatrice de Dieu s'étend partout, et agit sur le cœur qui la sent. La conscience de soi enveloppe un sentiment de l'être et de l'action de Dieu. Pour comprendre comment est possible cette affection d'abord très faible pour Dieu que l'esprit ne connait pas, on n'a qu'à penser à la sympathie et à l'antipathie que l'on éprouve quelquefois, dès la première rencontre, pour un homme inconnu.

Ainsi la religion serait un sentiment produit en nous, sans représentation intellectuelle intermédiaire, par une action immédiate de Dieu !

Dans la guerre imprudente qu'ils font à la raison, poussés par la nécessité de trouver un criterium pour connaître Dieu, et ne voulant pas du raisonnement intellectuel, certains protestants croient se rapprocher de l'orthodoxie en affirmant que la foi est une faculté spéciale, un nouveau moyen de connaître, comme si la foi n'avait pas son organe naturel et parfait dans l'intelligence et la volonté ! D'autres enfin, pour légitimer la prétendue opposition entre la pensée et le sentiment, ne trouvent d'autre refuge que le dualisme des Premiers Principes et ne craignent pas de renouveler ainsi les

·ieilles erreurs des Gnostiques et des Manichéens.

A cette école du sentimentalisme protestant appar-
iennent Jean-Jacques Rousseau et Benjamin Cons-
ant, qui ne cessent de parler d'un conflit perpétuel
·ntre la raison et le sens mystique interne. Celui-ci,
·onnaturel à l'homme, est le principe de toutes les
·eligions, qui seraient en réalité identiques, malgré
a différence des symboles et des cultes. L'évolution
·eligieuse, disent-ils, tend à supprimer le culte exté-
·ieur. On aura comme terme du progrès une religion
·ans dogme, avec un décalogue extrêmement réduit.
Telles sont les belles conceptions des panthéistes
contemporains, de Renan, entre autres, et d'une
multitude de romanciers.

6. Il n'est pas difficile de voir que le sentimentalisme qui veut aller à Dieu par une autre voie que la
raison bouleverse les fondements de la religion
même. Le prétendu sens religieux interne est
aveugle, subjectif, instinctif. Il ne peut toucher, avec
certitude, son objet. Il est sous l'influence de l'imagination et exposé par là à toutes les illusions et à
toutes les erreurs. Il lui est impossible de prouver la
vérité qu'il sent; car il appartient au sujet seul,
reste individuel et ne peut se communiquer à autrui.
Enfin il rend la vérité purement relative, sujette à
tous les changements et favorise le scepticisme.

La théologie catholique apprécie, avec une juste
sévérité, des conceptions aussi étranges : « Qu'est-ce
donc, demande ici M. le chanoine Didiot (1), qu'une
faculté sensitive capable d'entrer en contact avec

_____

(1) On lira avec beaucoup d'intérêt, sur cette importante
question, le théorème 72ᵉ de la *Théologie surnaturelle subjective* de M. le chanoine Didiot, pp. 386-393.

Dieu, quand notre intelligence elle-même, si épurée
et si sublime qu'elle puisse être, n'y saurait atteindre
naturellement et pas davantage surnaturellement
en cette vie? Ou bien quelle idée se font-ils de Dieu
pour le croire accessible à notre connaissance sensible, laquelle, évidemment, ne peut avoir d'autre
objet que des choses matérielles et des qualités ou
mouvements physiques ? Il y a disproportion radicale entre la puissance organique et corporelle, que
tout sens interne ou externe est nécessairement,
et l'objet incorporel et immatériel que Dieu est....
L'intuition ou perception immédiate de Dieu, par un
goût, un instinct, un sens interne quelconque, est
inadmissible, si Dieu n'est pas en nous comme notre
substance, ou bien, ce qui n'est guère plus absurde,
comme notre être accidentel. Le panthéisme subjectif est la suite inévitable d'une si belle théorie.
Conscience sensible de Dieu, raisons du cœur, le
faisant découvrir et sentir avant que les raisons de
l'esprit ne le reconnaissent, désirs et tendances de
notre sensibilité que l'infini seul peut assouvir,
mouvement de l'âme précédant les recherches et les
conquêtes de l'intelligence ; ces songes ignorants et
plusieurs autres pareils où l'amour est placé avant
la connaissance, — comme si l'on pouvait aimer et
vouloir ce que l'on ignore, — sont donc entièrement
dépourvus de bon sens et de réalité. Les théoso-
phes, les néoplatoniciens, les quiétistes, les sentimentalistes, et, en général, les sectaires, qui
prétendent sentir Dieu au-dedans d'eux-mêmes, ne
sont donc recevables dans leurs dires, ni au tribunal
de la philosophie, ni à celui de la théologie (1). »

(1) Ch. Didiot, *ibid.*, p. 392.

7. Les droits de la raison sont méconnus, non seulement par le sentimentaliste protestant, mais encore par l'école fidéiste et traditionnaliste, dont les chefs, fidèles catholiques, étaient animés d'excellentes intentions. Pour lutter avec plus de succès contre le rationalisme et exalter la foi, ils se sont appliqués à montrer la faiblesse de la raison. Mais ils ont dépassé le but ; en déprimant outre mesure la puissance intellectuelle, en arrivant à la nier, ils ont ébranlé les fondements de la révélation elle-même.

La foi et la théologie supposent nécessairement une démonstration rationnelle préliminaire, comprenant ce que l'on nomme les *préambules de la foi* ou les *motifs de crédibilité*. Au nombre de ces vérités, il faut compter l'existence de Dieu, sa toute-puissance, sa véracité ; l'existence de l'âme, sa capacité de connaître et de discerner le vrai, son obligation de faire le bien, surtout par une obéissance entière aux préceptes divins. La connaissance de ces vérités ne doit pas être seulement une opinion, une conjecture, un sentiment du cœur, mais une certitude réelle et une conviction ferme sur lesquelles puisse se baser une foi raisonnable, prudente, digne de sa condition d'acte surnaturel.

Cette certitude s'acquiert par la raison naturelle, s'exerçant sur le monde extérieur et intérieur. C'est l'enseignement de l'Écriture, des Pères, des scolastiques, de l'Église même.

Contre cette doctrine s'élève le fidéisme et le rationalisme (1). Ils prétendent que la raison, dans

(1) Lire les théor. 75 et 76 de *la Logique surnat. subject.*, de M. Didiot, théorèmes que nous nous contentons d'analyser, intimement persuadé que nous ne pouvons mieux dire.

l'état où l'a placée le péché originel, ne saurait
parvenir avec certitude à ces vérités. L'humanité en
a été instruite par Dieu ; la première connaissance
est un acte de *foi*. L'enseignement divin confié à la
famille, à · la société, s'est propagé par voie de
tradition.

On comprendra que ces erreurs aient pu se produire, si l'on songe qu'à cette époque, dans les
meilleures écoles, on n'enseignait pas d'autre philosophie que le cartésianisme, dont la psychologie et
la théodicée sont si évidemment insuffisantes et
fausses. Le fidéisme est une réaction contre le rationalisme outré de Descartes. Mais ses principes
ruinent la foi et la théologie. Croire en Dieu sans
connaître sa véracité, sans même pouvoir apporter
une preuve de son existence est un acte déraison-
nable. Ensuite, si nous croyons à l'existence de Dieu
par un acte de foi supérieur à la raison, cet acte est
surnaturel. Et la philosophie, qui n'est que le développement de cet acte de foi primitif, est identique
en essence à la théologie. Il n'y a plus de distinction
entre l'ordre naturel et l'ordre surnaturel : tout tend
à se confondre dans le rationalisme et le scepticisme.

8. Cette doctrine est réprouvée par l'Église. Sans
remonter jusqu'à Michel Baïus et à l'oratorien
Quesnel, condamnés par plusieurs Souverains
Pontifes, rappelons les qualifications de *vides, futiles*,
infligées par Grégoire XVI aux doctrines de Lamennais et d'Hermès contre la puissance de la raison.
Bautain, Bonnetty, Ubaghs durent souscrire des
rétractations imposées par l'Église.

D'après la Constitution *Dei Filius* du concile du
Vatican, la révélation divine nous enseigne et

l'Église confesse que « Dieu, principe et fin de toutes choses, peut être certainement connu par la lumière de la raison, au moyen des choses créées. » Le bon sens nous dit qu'avant de croire à un témoignage, nous devons connaître le témoin et les titres qu'il peut avoir à notre croyance. Nous ne devons pas croire Dieu sur sa parole uniquement, si auparavant nous n'avons pas su d'une autre source qu'il existe et ce qu'il est. Sur cette importante question du pouvoir essentiel de l'intelligence humaine, la tradition tout entière est d'accord avec les théologiens du moyen âge. Les Pères reconnaissent la nécessité d'une démonstration rationnelle, naturelle, soit vulgaire, soit philosophique, des préambules de la foi. Dieu se montre à nous, disent-ils, de deux manières : par la création, et ce sont les choses qui le font connaître ; par la révélation, et ce sont des paroles qui le manifestent. La révélation est le mode le plus sublime, mais qui présuppose le premier comme condition indispensable (1).

Les Pères ont puisé cette doctrine sur le pouvoir de la raison dans l'Ancien et le Nouveau Testament. La première partie du psaume 118 : *Coeli enarrant gloriam Dei* décrit d'une manière admirable la connaissance naturelle de Dieu ; et la seconde partie, qui commence ainsi : *Lex Domini immaculata*, a rapport à la connaissance surnaturelle par la foi. L'enseignement du livre de la Sagesse est

---

(1) Etudier dans la *Log. surnat. subject.*, pp. 468 et suiv., un admirable résumé de la doctrine patristique, une discussion fort instructive sur les *raisons séminales* par lesquelles plusieurs Pères expliquent notre connaissance naturelle de Dieu, et la réfutation de l'explication ontologiste du texte de saint Jean sur « le Verbe illuminant tout homme venant en ce monde. »

plus théorique encore. « Les hommes qui n'ont point la connaissance de Dieu sont très frivoles ; ils n'ont pu comprendre, par les biens visibles, celui qui Est et n'ont point reconnu le Créateur par la considération de ses ouvrages... La grandeur et la beauté des Créatures font connaître et rendent visible le Créateur... Ils ne méritent point de pardon. S'ils ont pu avoir assez de lumières pour connaître le monde, comment n'ont-ils pas découvert le Seigneur ? »

Le fameux texte de l'Épitre aux Romains (ch. I, v. 20) est revêtu d'une autorité plus haute, parce qu'il est rapporté dans la constitution dogmatique du Concile du Vatican : « La colère de Dieu se manifeste du ciel contre l'impiété et l'injustice de ces hommes qui retiennent la vérité captive. Ils ont connu ce qui peut se découvrir de Dieu, Dieu le leur ayant fait connaître. Car ses invisibles perfections, et sa puissance éternelle, et sa divinité sont devenues visibles par la Création, par la connaissance que les créatures nous en donnent, en sorte qu'ils sont inexcusables. Ayant connu Dieu, ils ne l'ont pas adoré comme Dieu et ne lui ont pas rendu grâces ; mais ils se sont égarés dans leurs vains raisonnements, et leur cœur insensé a été rempli de ténèbres. Ainsi ils sont devenus fous, en s'attribuant le nom de sages ».

De ces textes scripturaires se dégage nettement cette conclusion : La raison peut s'élever seule à la connaissance de Dieu, de sa toute-puissance, de sa spiritualité, de ses perfections. Si elle ne le fait pas, elle est responsable et coupable. Le procédé pour acquérir cette science est un raisonnement simple et facile, qui part du principe de causalité.

Ainsi sont vengés les droits de l'intelligence méconnue par le fidéisme, le traditionnalisme et le sentimentalisme.

9. Malgré les apparences contraires, l'ontologisme a sa place dans l'énumération des doctrines ennemies de la raison. Il reconnaît, il est vrai, la capacité de l'esprit pour atteindre les vérités suprasensibles ; mais en l'exagérant, il la dénature, il nie l'efficacité du raisonnement et veut que nous atteignions Dieu par une intuition directe et immédiate de l'essence divine. Et quand il veut montrer en quoi consiste cette prétendue intuition, il a recours à des explications qui offrent une analogie frappante avec les erreurs dont nous venons de parler.

Malebranche est, dans les temps modernes, le restaurateur du vieil ontologisme. D'après le célèbre oratorien, Dieu est plus nettement présent à notre âme que notre âme elle-même. De là résulte qu'elle voit Dieu et tout ce qu'il y a en Dieu, par conséquent, les idées éternelles. De cette source découle toute notre connaissance intellectuelle, c'est en Dieu que nous voyons toute chose. La sensation n'est que l'occasion qui nous fait contempler en Dieu l'idée qui correspond à cette sensation.

Nous ne voyons pas l'essence divine, telle qu'elle est, en elle-même, nous ne la voyons que dans ses relations avec les choses dont nous contemplons l'idée. C'est la Révélation qui seule nous donne la certitude des corps.

S'il faut en croire Gioberti, Dieu est le premier objet de notre connaissance. Aussitôt que nous avons l'usage de la raison, nous voyons Dieu par une intuition directe et continue. Cette connaissance est au commencement, indéterminée et confuse. La réflexion la rend claire et distincte. Alors les sensations et le langage excitent l'esprit à se tourner à la contemplation attentive de l'être divin. Ce qui nous rend certains de l'existence des corps, c'est que nous voyons en Dieu l'acte par lequel Dieu les crée. Ce philosophe soutient en outre que ce n'est pas la raison ordinaire qui voit l'essence de Dieu, mais une faculté spéciale appelée superintelligence, superraison, qui peut se définir : un sentiment vague, un pressentiment de l'objet qui ne peut être dialectiquement saisi, une impulsion, un instinct qui pousse l'âme vers l'objet inaccessible, plutôt par un acte de foi aveugle que par une vraie connaissance.

Pour adoucir ce que ces conceptions ont de fantastique, plusieurs ontologistes veulent bien reconnaître que cette vue intuitive de Dieu n'est qu'habituelle. Car il est de toute évidence, disent-ils, que nous ne sommes pas continuellement dans l'acte de voir Dieu. Cette intuition obscure, habituelle, instinctive, s'arrête à l'essence divine, sans percevoir les personnes, ne voit que l'être et n'atteint pas les perfections. Celles-ci sont couvertes d'un voile et enveloppées de la matière comme d'un nuage.

Selon Rosmini, qui croit ainsi rendre l'ontologisme plus acceptable et plus clair, l'être que nous percevons dans les créatures est l'être divin lui-même. Saint Thomas enseigne avec toute l'École que nous percevons l'être des choses, par une abstraction intellectuelle, que cette idée d'être ne nous quitte jamais et que la réalité, correspondant à cette idée, existe vraiment dans les choses, n'est divine que par participation. C'est ce que Rosmini ne veut pas admettre. Il y a dans les choses, dit-il, un élément substantiellement divin, qui se manifeste immédiatement à l'intelligence de l'homme.

Ce n'est pas seulement un effet divin, ni un être divin par participation ; c'est une actualité divine ; et, en même temps, c'est l'être indéterminé, l'être idéal, relatif, perçu par toutes les intelligences. Il a la même essence que Dieu qui, lui, est absolu et indéterminé ; et, c'est partiellement le Verbe divin qui devient ainsi l'objet de notre nécessaire intuition.

Malgré ces divergences de détail, toutes les écoles ontologistes s'accordent à dire que nous avons la connaissance innée de Dieu, que l'idée d'être est l'idée de Dieu immédiatement présente à notre esprit, que, par cette idée, nous connaissons tout ce qui est connaissable, que nous voyons tout en Dieu, que les idées générales et abstraites, l'homme abstrait, par exemple, sont les idées de Dieu même, que toutes nos idées ne sont que des manifestations de cette idée d'être.

10. Cette doctrine fut condamnée en 1861 et en 1862 ; des propositions spéciales, extraites des ouvrages de Rosmini, le furent à leur tour, en 1887. Le silence du Concile du Vatican ne prouve rien en faveur de l'ontologisme, puisque le cardinal Pecci demanda la condamnation formelle de cette doctrine, considérée dans sa forme ouvertement contraire à la foi catholique, et l'eût obtenue si le Concile n'avait pas dû se dissoudre. Devenu pape, Léon XIII blâma, en 1889, par un rescrit spécial, comme injurieuse pour le Saint-Siège, la conduite de ceux qui refusaient de se soumettre au décret porté en 1887 contre Rosmini.

D'ailleurs, toute la tradition catholique est opposée à l'intuitionisme. S. Thomas enseigne que nous ne pouvons connaître immédiatement les substances

séparées : Dieu, l'ange, l'âme des morts. Il prouve que
nous n'avons pas davantage l'intuition de notre âme
elle-même ; nous ne la connaissons que par ses actes,
dialectiquement et d'une façon réflexe. A plus forte
raison, ne pouvons-nous avoir naturellement l'intuition de l'essence divine. Aucune intelligence, si
parfaite que Dieu puisse la faire, n'arrivera jamais
à cette intuition naturelle de son créateur (1). Car la
créature aurait alors la même béatitude, la même
perfection définitive que Dieu même. L'essence divine
serait l'objet nécessaire de notre connaissance. On
se sent glisser dans le panthéisme.

D'après la tradition patristique (2), nous savons
très amplement ce que Dieu n'est pas : peu, ce qu'il
est par rapport à nous ; point du tout ce qu'il est en
lui-même ; parce que nous n'avons pas de lui des
concepts propres, ne pouvant s'appliquer qu'à lui.

L'argumentation philosophique confirme l'enseignement des Pères et de l'Église. Si nous avions
l'intuition de Dieu en ce monde, il n'y aurait pas
de différence essentielle entre notre condition ici-bas
et le bonheur des saints dans le ciel ; l'état de gloire,
l'état de grâce seraient au fond identiques avec l'état
de nature. Si la lumière qui éclaire tout homme
venant en ce monde, est la Raison divine ou le Verbe
incarné, selon la très fausse explication donnée par
Malebranche du texte de l'évangéliste S. Jean, l'essence divine, qui nous fait tout comprendre, est
naturelle à l'homme. Cousin et Damiron ont raison
de dire que l'Incarnation n'est qu'un pur symbole qui
explique mieux que tout autre la nature de l'intelli-

(1) Ch. Didiot, *ibid.*, pp. 404 et suiv. ; et les preuves appor-
tées par S. Thomas.
(2) Ch. Didiot, *ibid.*

gence. Alors la raison divine fait partie de la raison
humaine, et le panthéisme psychologique triomphe.
Si les choses ne sont intelligibles qu'en Dieu, elles
n'ont pas un être distinct de Dieu, et c'est le
triomphe du panthéisme métaphysique.

Comment expliquer que nous voyons Dieu, sans
en avoir conscience ?

Cette intuition est un fait interne ; comment se
peut-il faire que ce principe de connaissance existant
en nous ne soit pas aperçu par nous ?

Les atténuations imaginées par quelques ontologistes ne font que multiplier les impossibilités.
Qu'est-ce qu'une intuition immédiate de Dieu, qui
est imparfaite et obscure, sinon une contradiction
palpable ? Prétendre, comme certains, que nous
voyons seulement l'existence de Dieu, mais pas son
essence, ou que nous percevons seulement l'unité
de la nature divine et pas la Trinité des personnes,
ou les archétypes éternels des choses, c'est placer en
Dieu des distinctions objectives et réelles et ruiner
la foi.

La superintelligence, qui se porte par une impulsion aveugle vers Dieu, cette imagination de Gioberti,
n'est pas une invention plus heureuse. Qu'est-ce
qu'une superintelligence, qui ne peut connaître
clairement · Dieu, son objet propre, sinon une
impuissance radicale ? Si l'obscurité vient du côté
de Dieu, qui ne pourrait se manifester à une intelligence d'ordre supérieur, cette faiblesse a sa source
en Dieu et cette doctrine est impie. Il n'y a pas dans
l'homme, dit S. Augustin, de faculté supérieure à
la raison. Bien plus, ce n'est pas une faculté spéciale
qui nous rend capables de la connaissance surnaturelle de Dieu ; mais, par la lumière de la grâce ou

de la gloire, l'intelligence reçoit une nouvelle aptitude, par laquelle elle s'élève à cette science
éminente.

En outre, comment admettre que notre raison soit
conduite vers Dieu, le suprême intelligible, par une
impulsion instinctive et aveugle ? Est-il possible
d'accumuler, en moins de mots, plus d'erreurs et de
contradictions ? Les ontologistes veulent doter notre
intelligence d'une force exagérée, et ils ont besoin,
pour expliquer leurs rêveries, de recourir au sentiment et à l'instinct, comme les fidéistes et les
sentimentalistes.

Décidément, nous n'avons pas eu tort de compter
les auteurs et les défenseurs de cette doctrine au
nombre des ennemis de l'intelligence; et la méthode
syllogistique est suffisamment justifiée.

11. Elle le sera davantage encore, si nous appliquons notre attention à l'examen de la dialectique
spéciale, inventée par le P. Gratry. Ce philosophe a
pour but de venger la raison contre les injustes
attaques des fidéistes et lui restituer son autorité
souveraine ; mais il repousse, pour s'élever à Dieu,
la méthode syllogistique et déductive dont, selon
lui, les scolastiques ont usé et abusé. Il préfère une
induction transcendantale, qui, sans l'intermédiaire
d'aucun raisonnement, va immédiatement des choses
finies à l'infinie réalité. Il suffit à la raison de supprimer les limites des perfections et des beautés
créées pour affirmer l'existence de Dieu et de ses
perfections.

« Les philosophes, dit-il (1), ont trouvé le point
d'appui de cet élan de la raison vers Dieu dans le
spectacle des choses créées, monde ou âme ; tous ont

_____
(1) *Connaiss. de Dieu*, II, ch. 8.

compris que ce point de départ n'est en aucune sorte
un principe d'où la raison puisse déduire l'existence
de Dieu, mais simplement un point de départ ; tous
ont compris ou entrevu que ce procédé est absolument différent du syllogisme, et qu'il est un des deux
procédés essentiels de la raison, celui qui trouve les
majeures et non celui qui trouve les prémisses. »

La fragilité de cette preuve est facile à saisir. Que
faisons-nous, en effaçant les limites d'une perfection
finie ? Rien autre chose que de faire succéder dans
notre esprit à l'idée du fini l'idée de l'infini. Il y a
en nous une simple succession de concepts, mais la
réalité de l'infini n'est pas démontrée.

La philosophie thomiste se sert, il est vrai, de
cette méthode qui consiste à supprimer les limites
des perfections créées. Pour déterminer les perfections du créateur, elle élève à l'infini les perfections
des créatures ; mais elle a commencé par démontrer l'existence de l'Être suprême et infini, à l'aide
du principe de causalité.

Voulant préciser sa doctrine, le P. Gratry ajoute :
« La raison regardant l'être fini, monde ou âme, voit
par contraste et par regrès, dans ce fini, l'existence
nécessaire de l'infini, et connaît l'infini par négation,
en niant les limites de toute perfection bornée. »
Cette adhésion détournée et obscure au vieil ontologisme est démentie par la conscience, qui atteste
que nous sommes privés de cette évidence mystique
et immédiate de Dieu.

12. Si nous avons placé ici, dans une étude sur
le néo-apologisme, ces considérations sur le sentimentalisme, le fidéisme et l'ontologisme, ce n'est
pas que nous voulions attribuer de pareilles erreurs
aux nouveaux apologistes. Elles sont condamnées

par l'Eglise et l'on ne saurait, sans imprudence
grave, fonder sur elles un système de défense religieuse. M. Denis déclare formellement son éloi-
gnement pour le sentimentalisme protestant et le
fidéisme. Le père Laberthonnière, partisan de
la nouvelle doctrine, proteste de son aversion
pour l'ontologisme ; et nous n'élevons aucune
suspicion sur l'orthodoxie de ces écrivains.

Mais, voulant nous faire une idée précise de
l'*Apologie de l'Immanence,* sur la nature de laquelle
plane encore tant d'obscurité, nous avons dû chercher dans l'histoire des erreurs religieuses celles qui
ont avec la nouvelle apologie ce point de ressemblance, d'attaquer avec un égal entrain la méthode
traditionnelle. L'objet de ces doctrines est différent :
les apologistes veulent défendre la religion, les
philosophes étudier l'origine des idées, surtout de
l'idée de Dieu ; mais la méthode est la même. Les
uns et les autres se confinent dans la contemplation
du moi seul. Le soin que prennent les apologistes de
renouveler souvent leur désapprobation des erreurs
condamnées révèle la crainte d'être enveloppés dans
la même réprobation, et cette crainte n'est pas chi-
mérique. Sur plusieurs points importants, les partisans de la nouvelle apologie paraissent faire des
concessions exagérées aux fidéistes ou aux ontologistes. M. Denis ne reconnaît-il pas comme
précurseurs, Benjamin Constant, de Bonald,
Lamennais, Bonnetty, Bautain ?

CHAPITRE II

———

ÉTUDE CRITIQUE SUR LE DOGMATISME MORAL[1]

———

Sommaire : 1. Le livre du P. Laberthonnière. — 2. L'auteur combat la théorie thomiste sur la connaissance du monde extérieur et admet le criticisme kantien. — 3. De même pour la connaissance du moi et de Dieu. — 4. Il repousse le scepticisme, l'ontologisme, le fidéisme. L'affirmation de l'être. — 5. Nous ne saisissons l'être que par les procédés moraux ; exposé du dogmatisme moral. — 6. Obscurités de cette théorie et critique. — 8. Logiquement, le fidéisme et l'ontologisme en découlent. — 8. Excellence de la partie mystique du dogmatisme moral.

1. — Le R. P. Laberthonnière, de l'Oratoire, vient de réunir en un volume intitulé : *Essais de philosophie religieuse*, plusieurs dissertations qui ont été publiées récemment dans différentes revues. Ces études, malgré la diversité des titres, ont une même inspiration ; l'auteur y traite de la plus haute question philosophique et religieuse : la destinée de l'homme par la connaissance et l'amour de Dieu. Il

———

(1) Essais de philosophie religieuse, par le P. L. Lae r thonnière, de l'Oratoire : *La philosophie est un art.* — *Le dogmatisme moral.* — *Éclaircissements sur le dogmatisme moral.* — *Le problème religieux*, etc...

ne suit pas les sentiers battus ; adversaire résolu de
la scolastique et de l'apologétique traditionnelle, il
s'efforce d'adapter les théories modernes à la
défense de la vérité. Il appartient à cette école
d'écrivains catholiques, si toutefois le nom d'école
peut être employé ici, dont M. Blondel est le chef et
dont M. Denis, directeur des *Annales de philosophie
chrétienne,* aime à se déclarer le vulgarisateur
ardent et convaincu. Toutefois il entend garder son
indépendance ; il n'approuve pas toutes les idées de
M. Denis dont les articles ont « je ne sais quoi de
hâtif et de tumultueux... La pensée ne se dégage
pas toujours clairement ; parfois elle prend des
allures risquées... Dans ces matières, il faut plus
de réflexion et plus de maturité... » (1).

Nous n'aurons garde d'attribuer au philosophe
oratorien la responsabilité de la doctrine du directeur des *Annales.* Nous nous bornerons à étudier
avec attention et à exposer avec clarté les principes
essentiels développés dans les pages savantes des
Essais. L'impartialité est la loi de la critique ; on
doit l'avoir toujours, mais surtout quand on apprécie
un livre où sont traitées des questions d'un importance souveraine, et dont l'auteur, ancien supérieur
du collège de Juilly, défend ses idées avec un rare
talent de penseur et d'écrivain et n'a pas d'autre
intention, comme il le dit souvent et comme on le
sent à la lecture, que de faire du bien aux âmes et
de les rapprocher de la vérité et de Dieu.

Mais nos appréciations seront tout à fait indé-
pendantes.

Intimement persuadé de l'excellence de la philo-

---

(1) *Essais,* p. 189 ; note 1.

sophie scolastique et thomiste, et de la puissance
de la méthode que les anciens apologistes de la
religion ont suivie jusqu'à ce jour, nous ne dissimu-
lerons pas nos préférences. La première condition
du progrès n'est pas de détruire les fondements de
la science religieuse, établis par les penseurs du
temps passé et garantis par l'unanimité de la tradition chrétienne, mais d'en accommoder la défense
aux erreurs nouvelles et de faire voir leur force
victorieuse contre les tentatives du criticisme
contemporain.

2. —. Qu'est-ce que le dogmatisme moral ?

L'auteur répond à cette question dans son premier
opuscule (p. 19-110). Le problème capital qui se
pose avant tout autre et que l'on doit résoudre au
préalable est celui de l'être ?

Comment donc connaissons-nous l'être ?

Le R. Père repousse résolument et absolument
les conclusions de la philosophie scolastique. Nous
aurons plus d'une fois l'occasion de remarquer dans
son œuvre des lacunes et une concision extrême
sur certains points importants. Mais ici son hostilité
contre la théorie thomiste de la connaissance sensible et intellectuelle est très nette, très claire,
fortement accentuée, exprimée avec une véritable
profusion.

Rappelons brièvement les données de la philosophie traditionnelle.

Nous connaissons les êtres extérieurs par nos
sens et notre intelligence. Nos facultés sont des
puissances pures, elles ont besoin de recevoir
d'abord l'impulsion des objets réels et existants.
Ceux-ci exercent donc leur action sur nos sens par

leurs qualités appelées pour cette raison sensibles,
la couleur, le tact, la résistance... Ces qualités ne se
détachent pas des objets auxquels elles adhèrent ;
elles agissent sur moi, non par leur être matériel,
mais par leur image représentative qui est reçue
dans mes organes. Mes yeux reçoivent l'impression
ressemblante de la couleur et de la forme de la pièce
d'or placée devant moi. Cette image subjective n'est
pas l'objet de ma vision, mais le moyen nécessaire
pour que ma vision s'accomplisse. L'acte visuel se
termine à la pièce matérielle elle-même; je la vois
dehors comme elle est, là où elle est. Et comme je
suis un être intelligent, je dégage de l'apparence
sensible l'être qui y est contenu. Et je me dis à moi-
même : il y a là une pièce d'or très réelle et vraiment
existante ; elle est en dehors de moi, indépendamment de moi, un être en soi et pour soi. Je ne fais
pas de raisonnement; je n'ai qu'à ouvrir mes yeux
qui sont sains et je vois par une intuition directe et
immédiate.

C'est précisément ce que n'admet pas le P. Laberthonnière. « Par les données de l'expérience sensible (1), dit-il, couleurs, sons, résistances, et même
par les objets sensibles en tant que sensibles, nous
n'atteignons pas directement et immédiatement la
réalité en soi, l'être, mais seulement le phénomène.
— Ce n'est pas par la sensation que l'être des choses
vient à nous, que nous allons à l'être des choses. —
Cette réalité de l'être ne nous est pas connue non
plus par l'intelligence. Cette faculté produit des
idées; mais l'idée n'est qu'une abstraction. Les

(1) *Essais*, p. 24.

philosophes scolastiques se trompent : ils prennent
le phénomène pour de l'être, le relatif pour de
l'absolu (1), ils donnent aux idées une valeur onto-
logique qu'elles n'ont pas. — Le monde sensible
n'est que nos sensations, le monde intelligible n'est
que nos idées (2). — Le monde que je vois n'est que
ma représentation (3) ».

Notre pièce d'or n'est donc pas une pièce d'or,
mais simplement une affection subjective que je
projette au dehors. Je crois caresser mon chien,
c'est bien Fox ; je le vois, je le touche, j'entends sa
voix à laquelle il sait donner des inflexions joyeuses
quand il est content. Erreur profonde! Illusion
dogmatique! Je ne perçois qu'un phénomène subjectif, un état de mon moi; je n'entends que des
bourdonnements d'oreille. L'objet vu et l'objet extérieur n'ont entre eux aucun trait de ressemblance.
« La philosophie critique a établi qu'il n'y a rien de
commun entre ce qui est objet de pensée et ce qui
est réel en soi ».

Les arguments allégués à l'appui de ces critiques
se réduisent à ces réflexions sommaires : « Il n'y a
pas *identité* entre la perception et la réalité en soi (4).
La perception n'est pas *adéquate* à la réalité en soi...
La réalité en soi ne s'*identifie* pas avec les idées qui
sont des abstractions... Si par la sensation ou par la
pensée, nous atteignions l'être des choses extérieures, on ne s'expliquerait pas qu'il pût y avoir
des erreurs et des illusions (5), chacun aurait les
mêmes sensations et les mêmes idées... L'illusion
dogmatique a tort de croire que nos sensations et

(1) *Essais*, p. 45. — (2) *Ibid.*, p. 58. -- (3) *Ibid.*, p. 80. —
(4) *Ibid.*, p. 25. — (5) *Ibid.*, p. 40.

nos idées nous représentent *adéquatement* les existences en soi... »

La théorie scolastique n'enseigne nullement qu'il
y ait *identité* entre l'image représentative et l'objet
extérieur, mais seulement ressemblance. Elle
n'enseigne pas que par la sensation ou l'idée, l'objet
extérieur est connu de nous adéquatement et parfaitement. Notre science est relative à nos facultés
sensibles et à nos facultés intellectuelles; il y a des
qualités sensibles qui échappent à nos organes;
nous ne voyons pas les pores de la pierre ou du
marbre, lesquels nous paraissent des corps absolument continus. Notre esprit n'a pas l'intuition des
essences corporelles. Pour définir, dit S. Thomas,
nous avons besoin des notes accidentelles, parce que
nous ne percevons pas directement les principes
essentiels des choses. Quant à l'argument tiré du
caractère abstrait des connaissances intellectuelles,
il ne porte pas. D'après la doctrine scolastique,
l'idée abstraite n'est pas l'objet, mais seulement le
moyen de la connaissance. Il faudrait démontrer ici
que par l'abstraction intellectuelle unie à la perception sensible, nous ne pouvons atteindre l'être
extérieur lui-même. Le R. P. se contente d'affirmer,
il ne prouve pas. Si nous ne connaissons le tout de
rien, la critique a tort de conclure à l'impossibilité
pour nos facultés de connaissance de percevoir quoi
que ce soit d'extérieur. Elles voient d'une manière
presque intuitive les existences, les êtres réels.
Nul sceptique ne l'a jamais nié sérieusement.
Pyrrhon et Kant n'ont pas révoqué en doute l'existence réelle, objective, directe des disciples qui les
applaudissaient ni des adversaires qui les combat-

taient. Tous les hommes de tous les siècles ont toujours été convaincus de la puissance de leurs facultés sensibles pour atteindre directement les qualités sensibles extérieures et de la puissance de leur intellect pour connaître les objets extérieurs eux-mêmes.

3. — Non seulement notre philosophe le nie, mais ses négations s'étendent à la connaissance de nous-mêmes. « Le moi nous échappe », dit-il. Si nous en croyons S. Thomas dont la doctrine est ratifiée par l'expérience de tous les hommes, nous saisissons notre existence substantielle, notre être réel, dans l'unité et la permanence qui le constituent, par le témoignage infaillible de la conscience. Non pas que nous percevions par cette vue directe la nature spirituelle de notre âme. Nous n'arrivons à cette science que par voie déductive ; mais la vue directe de la conscience nous montre avec évidence, sous la mobilité de nos actes, l'existence substantielle et objective de notre être un et permanent.

A cette philosophie qui est celle de la tradition catholique universelle, de S. Augustin aussi bien que de S. Thomas, et de toutes les écoles spiritualistes et qui s'appuye sur le témoignage de toutes les consciences humaines, l'écrivain que nous combattons oppose les conclusions du criticisme kantien.

« Il en est, dit-il (1), qui se sont imaginé qu'il suffit de se replier sur soi-même pour pouvoir dire : Je suis, comme si, rien qu'en se regardant, on voyait intérieurement son être avec une évidence qui s'impose. Non, ce n'est pas aussi simple. Une intuition ne suffit pas à me faire dire : je suis... Admet-

(1) *Essais*, pp. 61-63.

tons, avec Descartes, qu'il me soit impossible en
disant : je pense, de ne pas dire : je suis, quelle est
la portée de mon affirmation? Signifie-t-elle que,
moi aussi, je suis simplement, indépendamment du
moment où je pense, et sans être emporté par lui?
L'être que j'affirme, est-il quelque chose de stable et
de permanent, ou bien quelque chose de transitoire
comme mon affirmation même, un éclair que je
saisis au passage? Si je me considère à part, isolé
dans le moment où je pense, puis-je vraiment dire
que je suis? Ce n'est pas être, que d'être en passant.
Si, en dépit de cette évidence, je continue à affermir
mon existence, comme être stable et permanent,
au-dessus des phénomènes qui s'écoulent, je me
trompe moi-même, je dépasse indéfiniment l'intuition que j'ai de moi-même dans le temps ; je donne
raison aux sceptiques. Comment, en effet, puis-je
dire que je suis, moi qui étais hier et qui, peut-être,
ne serai pas demain. »

La faiblesse de cette argumentation apparaît
d'elle-même aux yeux de tout philosophe spiritualiste. Nous ne pouvons nous attarder à la faire ressortir. Au surplus, le R. P. Fontaine a donné, dans
son volume si documenté et si courageux sur les
Infiltrations kantiennes et protestantes, de ces singu-
lières erreurs du P. Laberthonnière, une réfutation
décisive, à laquelle nulle réponse n'a été faite.

Après avoir nié la connaissance immédiate du
monde par nos sens et notre intelligence, après
avoir essayé, sans succès d'ailleurs, de nier le fait
de la connaissance immédiate du moi par la conscience, notre philosophe devait combattre les preuves
de la connaissance de Dieu qui sont le patrimoine
non seulement de la philosophie chrétienne, mais

de toute philosophie spiritualiste. La démonstration
de l'existence de Dieu, dans toute théodicée, a pour
point de départ l'existence objective et réelle du
monde et du moi. S'appuyant sur le principe de
causalité qu'elle a formé avec des éléments fournis
par l'expérience interne et externe, l'intelligence
conclut avec une entière certitude à l'existence d'une
Cause Première qui a tout créé et ordonné et d'un
Premier Moteur.

Le R. P. n'admet pas la légitimité de cette
démonstration. « S'imaginer (1) qu'à elles seules
ces preuves peuvent nous faire connaître Dieu,
c'est une prétention si constamment démentie par
les faits qu'on s'étonne encore de la voir. » Ces faits
sont l'existence des athées et les différences dans
les conceptions que se font de Dieu les philosophes
déistes. « On ne sait pas Dieu comme on sait un
théorème de géométrie, parce que Dieu n'est pas
une abstraction, mais une réalité vivante. »

Les arguments sont à peu près les mêmes que
ceux opposés à la connaissance du monde. Quant à
l'assimilation entre Dieu et une vérité géométrique,
elle n'a jamais été faite dans la théodicée traditionnelle, qui n'ignore pas que Dieu est une réalité
vivante, prouvée par la réalité du monde, tandis que
la géométrie est une science abstraite, ayant pour
objet des êtres de raison qui n'existent que dans
l'esprit.

Ici encore, nous renvoyons à la magistrale réfutation du R. P. Fontaine dans ses *Infiltrations
kantiennes et protestantes ;* et nous nous bornons à

(1) *Essais,* p. 7.

remarquer que notre auteur niant la connaissance,
par l'effort intellectuel, du monde et du moi, devait
nécessairement s'élever contre l'enseignement traditionnel sur la démonstration de l'existence de Dieu,
qui repose en dernière analyse sur l'être et les
perfections des créatures.

4. — Malgré tant de négations qui procèdent
toutes de la *Critique de Raison Pure*, notre philosophe se défend de l'accusation de scepticisme. Le
scepticisme nie la réalité de l'être ; lui, au contraire,
affirme cette réalité avec énergie. Il ne veut pas non
plus qu'on l'accuse de kantisme. « Kant, dit-il (1),
suppose que nous sommes totalement en dehors de
l'absolu et que, pour l'atteindre, il faut, comme par
un acte désespéré, faire un saut dans l'inconnu. »
Le R. P. soutient que l'Absolu, c'est-à-dire Dieu,
est catégoriquement à notre portée.

Il attaque l'ontologisme, d'après lequel la connaissance de Dieu est le résultat d'une vision supra-
sensible, qui nous fait atteindre du premier coup
l'intuition de Dieu vu en pleine lumière (2). Ce
n'est, dit-il, qu'une forme de l'intellectualisme. Ce
mot, sous cette plume, est une condamnation pure
et simple, car le R. P. n'est pas tendre pour les
actes intellectuels.

Il se défend d'aucune sympathie pour le
fidéisme (3). « J'espère que je ne serai pas accusé
de fidéisme, et qu'on ne me fera pas dire que
l'homme, par ses facultés humaines, ne peut pas
connaître Dieu et croire en lui. Souvent on parle
d'instinct (4) pour expliquer la croyance à la réa-

(1) *Essais*, p. 75. — (2) *Ibid.*, p. 76. — (3) *Ibid.*, p. 77. —
(4) *Ibid.*, p. 80.

lité d'un monde extérieur. En vérité, c'est là du fidéisme et même du fidéisme un peu grossier. L'instinct est irréfléchi, aveugle, fatal. C'est le propre de l'animal. »

Le savant philosophe admet donc pour l'homme la possibilité d'arriver à la réalité objective de l'être. Mais si nous ne pouvons l'atteindre ni par l'intuition intellectuelle directe, ni par la raison raisonnante appuyée sur la connaissance sensible, ni par la foi, ni par l'instinct, ni par le sentiment, comment donc tombera-t-il sous nos prises, et quelle est, parmi nos facultés, celle qui fera cette conquête ?

Il s'agit d'abord de bien préciser la question.

L'être si ardemment cherché et qui nous a échappé jusqu'à présent n'est pas l'être contingent qui tombe sous nos sens, ou que nous pouvons saisir par la conscience de nous-mêmes. Cet être là n'est pas un être véritable, mais un pur phénomène.

Le premier objet que nous puissions saisir hors de nous et en nous, selon le R. P., c'est l'être en soi et par soi, l'être absolu et éternel, Dieu. Les citations suivantes vont prouver que nous ne nous trompons pas en interprétant ainsi sa doctrine :

« L'affirmation (1) de l'être, c'est le salut et la délivrance. Être sauvé, délivré, c'est ne plus avoir à subir ni à craindre les changements qui surviennent temporairement dans les phénomènes, c'est être au-dessus des atteintes du dehors, attaché à l'immuable et partageant son immuabilité. — Pour être nous devons nous mettre au-dessus du temps (2). — Affirmer l'être, c'est affirmer Dieu. — Les carac-

_____

(1) _Essais_, p. 33. — (2) _Ibid._, p. 63.

tères (1) de l'être sont l'unité et la permanence ; on ne se constitue dans l'unité et la permanence qu'en s'attachant à Dieu. Tout être dans son fond est affirmé par Dieu, c'est-à-dire posé par Dieu, est un acte de Dieu. Nous ne pouvons nous affirmer sans Dieu, car nul être n'est indépendant de Dieu. Il n'y a pas d'être en dehors de lui. — L'être est atteint (2) par un acte par lequel librement on s'affirme en Dieu. »

On voit de suite ici une nouvelle opposition entre cette doctrine et la philosophie scolastique. Toutes deux sont d'accord pour dire que Dieu est l'être en soi et par soi ; mais, d'après l'enseignement traditionnel, nous connaissons d'abord les êtres en soi, finis, sujets aux changements, situés dans le temps et l'espace, objectifs ; et de cette science nous nous élevons à la notion de l'être absolu et indépendant, qui possède l'être au vrai et plein sens du mot, qui est par lui-même, dont l'essence est d'être : *Ego sum qui sum*, a-t-il dit lui-même. Je suis sans condition d'aucune sorte, simplement et absolument. Je me suffis à moi-même pour être.

5. — Il est bien vrai que les créatures ne tiennent pas leur être d'elles-mêmes, c'est Dieu qui le leur a donné et le leur conserve. Ontologiquement, l'être absolu et éternel précède ; mais psychologiquement, dans l'ordre de la connaissance, nous saisissons d'abord les êtres créés.

D'après le R. P., le premier être que nous saisissons, c'est Dieu : nous n'atteignons les autres êtres qu'en Dieu et par Dieu. Et la faculté admirable qui fait une opération si haute, c'est la volonté.

_____

(1) *Essais*, p. 74. — (2) *Ibid.*, p. 102.

« On ne peut (1) atteindre la nature de l'être que par des procédés moraux, qui n'excluent pas les procédés logiques, mais les dominent en les englobant : la logique est un instrument au service de la morale. — Au principe (2) même de la connaissance apparaît le rôle moral de la volonté, qui doit combattre l'égoïsme où tombent les sceptiques, qui se renferment en eux-mêmes, ont en eux une confiance outrée et se font le centre des choses. Il faut d'abord sortir de soi, ce qui ne veut pas dire qu'on atteint l'être par le dehors ; c'est en nous-mêmes que nous le connaissons. — Pour être (3) et savoir qu'on est, il faut se concentrer dans la poursuite d'une fin ; il faut être par le dedans, vouloir être par Celui qui Est. Dieu n'est pas un étranger pour nous, il vit en nous, agit en nous. Je ne puis me trouver qu'en le trouvant. En voulant être par soi, on est vide et on se trompe. — Il (4) ne suffit pas de démontrer que nous existons par Dieu ; nous devons vouloir Dieu en nous. La démonstration de l'existence de Dieu ne vaut que pour ceux qui veulent être par lui. Il faut vouloir Dieu, le prendre pour fin, se fixer en lui par l'amour. La fin voulue devient le principe et comme la substance de notre être. — L'affirmation (5) de Dieu est une action vivante. Dans cet acte, Dieu se trouve. Sans Dieu, nous ne pouvons l'affirmer, ni nous-mêmes. — Dans toute (6) âme qui progresse, quelque chose de Dieu se révèle chaque jour ; elle devient bonté, se remplit de Dieu en passant de la foi de crainte à la foi d'amour. »

L'affirmation de Dieu par un acte de volonté, tel est le principe de la philosophie de l'action et de la

---

(1) *Essais*, p. 31. — (2) *Ibid.*, p. 39. — (3) *Ibid.*, p 58. — (4) *Ibid.*, p. 72. — (5) *Ibid.*, p. 75. — (6) *Ibid.*, p. 79.

liberté, inaugurée par Kant et tel est le principe du
dogmatisme moral du P. Laberthonnière. Ce système
est appelé moral, parce qu'il part de l'acte volontaire, faisant de Dieu sa fin ; il est appelé dogmatisme, parce que ce procédé, paraît-il, nous fait
saisir d'abord Dieu, ensuite, par Lui et en Lui,
nous-mêmes et les autres êtres. Voilà ce qu'il faut
croire ; c'est la foi kantienne (1) qui n'est pas,
comme la foi entendue au sens ordinaire, l'adhésion
de l'intelligence au témoignage d'autrui, mais
l'action vivante de la volonté par laquelle on se
donne à soi-même le salut, en sortant du scepticisme et en admettant l'existence de l'être.

Kant a eu le tort de ne pas suivre jusqu'au bout
les conséquences de son excellent principe, empêché
qu'il était par l'abîme infranchissable établi entre le
phénomène et le noumène.

Cet abîme n'existe pas pour le R. P. qui retrouve
l'être dans le phénomène (2). Comment ? D'abord,
il faut vouloir Dieu pour fin, puis se concentrer,
se fixer par le dedans. Par cet acte de bonne
volonté, nous acquérons Dieu, car il est dans la
bonne volonté. Bien plus, cet acte merveilleux
qu'est la foi philosophique (3) obtient cet effet tout-
à-fait remarquable de nous donner l'être à nous-
mêmes et aux autres avec le concours de Dieu. Alors,
nous nous affirmons comme êtres dans l'unité et la
permanence (4), et nous donnons l'être aux autres
en les voulant. L'être que nous découvrons en nous,
après nous être affirmés librement avec le concours
de Dieu, nous le mettons dans les données de l'expérience, nous l'attribuons aux autres, nous les

_____

(1) *Essais*, p. 85. — (2) *Ibid.*, p. 66. — (3) *Ibid.*, p. 86. —
(4) *Ibid.*, p. 90.

voulons comme Dieu les veut. Pour croire à l'existence des autres, il faut les affirmer en lui. La vérité
est de penser comme Dieu, de vouloir comme Dieu.
Puisque Dieu veut les autres et nous veut par les
autres (1), nous les rencontrons en nous intérieurement, voulus par Dieu, ainsi que nous (2).

En résumé : nos affirmations ont un caractère
moral. En sortant de soi, en luttant contre l'égoïsme,
on trouve Dieu, et soi et les autres en Dieu. En se
séparant de Dieu, on n'est plus que par le dehors,
comme les phénomènes, tandis qu'en s'unissant à
Dieu, on se considère comme des êtres. Dieu est la
clef de voûte de tout le système. L'essentiel est
d'agir, de ne pas croupir dans l'inaction intérieure,
comme les fidéistes et les quiétistes. Alors nous
atteignons l'être par une expérience intime d'un
caractère unique ; cette expérience consiste à produire un acte, par lequel on s'affirme en Dieu et par
Lui en affirmant les autres.

Telle est la philosophie de l'action ; tel est le
dogmatisme moral.

6. — Nous n'essayerons pas de dissiper les obscurités contenues dans cet étrange système ; nous ne
montrerons pas comment il est possible que l'homme,
toujours trompé par ses sens et son intelligence,
saisisse Dieu par une simple affirmation volontaire
et libre et, en Dieu, soi-même et le monde. La raison
de cette abstention est que nous ne comprenons pas
du tout la production de ces effets qui nous semblent
prodigieux ; nous avouons en toute humilité et
sincérité notre impuissance radicale à pénétrer ces
mystères. Cette impuissance n'a d'ailleurs rien

_____

(1) *Essais*, p. 93. — (2) *Ibid.*, p. 96.

d'étonnant. L'auteur du système n'explique, ne démontre rien ; il se contente d'affirmer et de répéter presque à satiété ses affirmations à peu près avec les mêmes termes.

Nous nous contenterons de poser, sous forme interrogative, quelques objections.

On dit : il faut d'abord affirmer Dieu et le prendre pour fin. Mais comment donc se peut-il faire que l'on affirme Dieu, puisqu'on ne le connaît pas ? Comment se peut-il faire alors qu'on le prenne pour fin ? C'est l'hypothèse où le dogmatisme moral se place. D'après lui, la connaissance sensible et la connaissance intellectuelle nous trompent, la volonté seule peut agir efficacement. Mais comment la volonté peut-elle entrer en acte, si elle n'est pas précédée d'une représentation intellectuelle ? La volonté doit être raisonnable ; saint Thomas la définit : *appetitus rationalis,* la tendance rationnelle, le mouvement vers la fin connue par l'intelligence. Si la fin n'est pas connue par l'intelligence, la tendance, l'appétit peut subsister, la fin également ; mais alors la volonté n'existe plus, il ne reste que l'instinct de l'araignée qui file sa toile, ou l'appétit naturel de la pierre qui tombe. Un acte volontaire, dépourvu de la notion de fin, de motifs déterminants et de moyens, est une contradiction pure et simple : c'est un acte fatal, sans liberté, sans volonté, instinctif et aveugle. Et cependant, c'est là le fondement sur lequel notre philosophe construit sa méthode.

Le R. P. ajoute : Dieu est celui qui Est ; il agit, il vit en nous, nous ne pouvons rien faire sans son concours. Rien n'est plus vrai. Mais comment sait-il que Dieu est celui qui est, qu'il est tout-puissant,

immense, infini, qu'il nous a donné l'être et qu'il
nous le conserve, et que nous ne pouvons rien faire,
même dans l'ordre naturel, sans son concours
immédiat ? Ne sont-ce pas les vérités obtenues dans
la théodicée, par voie de conclusion ? Et n'est-il pas
curieux de constater que le P. Laberthonnière, dans
l'exposé de son système où il combat avec tant
d'ardeur l'enseignement traditionnel, se serve à son
insu et sans le vouloir des notions acquises par les
procédés intellectualistes si dédaignés ?

7. — Nous ajoutons que le dogmatisme moral est
entraîné malgré lui, s'il veut être logique, vers
toutes les erreurs qu'il fait profession de repousser.

Affirmer et prendre pour fin un Dieu qu'on ne
connaît pas, n'est-ce pas ressembler aux fidéistes
qui, refusant à la raison le pouvoir de connaître la
vérité, se reposent uniquement sur la foi catholique
et la révélation, et croient ainsi aveuglément à la
parole d'un être dont ils ne connaissent pas la véracité, dont ils ignorent même l'existence ? Dans l'une
et l'autre opinion, où est le respect pour l'autonomie
et la dignité de la personne humaine ?

Le R. P. repousse fortement l'ontologisme. Mais
n'y a-t-il pas un rapport évident entre l'erreur de
Malebranche, soutenant que nous avons l'intuition
de Dieu même et des idées divines et que nous
voyons tout en Dieu, et l'assertion du P. Laberthonnière, affirmant que nous saisissons en Dieu et par
Dieu notre être à nous et l'être des autres créatures ?
L'oratorien du XVIIᵉ siècle se sert de l'expression
voir tout en Dieu, l'oratorien du XXᵉ affirme *saisir*
tout en Dieu. N'est-ce pas, sous des noms différents,
une doctrine absolument identique ? On répliquera
peut-être : *Voir*, c'est le propre de l'intelligence,

dont nous ne voulons pas. *Saisir, affirmer*, appartient à la volonté, qui est notre faculté maîtresse. Nous répondrons à ceci que l'action d'affirmer et de saisir l'être est un acte mixte, exigeant le concours des deux puissances : seuls les êtres intelligents peuvent affirmer.

Le R. P. reproche à Kant de n'avoir pas tiré de sa philosophie de la volonté tous les fruits qu'elle recèle, et désespérant d'atteindre Dieu par cette méthode, d'avoir fait un *saut dans l'inconnu.* Cette critique, si toutefois j'en saisis bien la portée, s'adresse à l'absence d'affirmation de Dieu dans la *raison pratique.* Le philosophe allemand, en effet, construit toute sa morale sans recourir à Dieu, relégué à titre de postulat hors de la doctrine. Mais il appuie la vérité, objet du postulat, c'est-à-dire l'existence de Dieu, sur des motifs rationnels, qui, s'ils ne constituent pas une démonstration proprement dite, sont néanmoins des raisons fort plausibles. Notre philosophe, au contraire, se défie plus que Kant de la méthode intellectuelle ; son acte volontaire, dépourvu de motifs et de toute connaissance préalable, tendant à une fin ignorée, peut être, à bon droit ce me semble, vraiment assimilé au saut dans l'inconnu. N'est-ce pas chercher la lumière au sein des ténèbres ? En vain dira-t-on que l'acte volontaire exige le concours divin. L'action immédiate de Dieu est nécessaire à tout acte de tout être ; je ne puis pas sentir sans la coopération de Dieu, mon intelligence ne peut agir seule. Le concours divin n'est pas propre à la volonté, mais il ne tombe pas sous l'expérience, je ne le connais que par des raisonnements déductifs et réflexes, je n'en ai pas conscience. Je ne puis pas distinguer dans mon acte libre ce qui est de moi et ce qui est de Dieu. Le R. P. aurait dû montrer dans l'acte volontaire conscient la part de la coopération divine ; il ne l'a pas fait parce que c'était impossible, il a mieux aimé se réfugier dans la foi philosophique par laquelle je me donne l'être par un acte de bonne volonté, mais sans le savoir : mystère qu'il faut renoncer à comprendre.

Une autre obscurité également impénétrable, est l'affirmation souvent répétée de la compénétration de tous les êtres. « Tous sont dans chacun et chacun est dans tous ». Qu'est-ce que cela veut dire ? Les êtres que je connais et que je vois sont en moi, par leur image sensible ou leur représentation idéale ; mais cette image et cette représentation ne sont pas leur être vrai et réel ; celui-ci est hors de moi, les êtres sont réellement les uns hors des autres, chacun doit avoir sa place dans l'espace et dans le temps. Il est vrai que notre auteur, fidèle à l'esthétique transcendantale de Kant nie l'objectivité·du temps et de l'étendue. Mais il s'en faut de tout que cette explication soit lumineuse.

8. — Nous bornons là nos critiques et nous avons hâte de montrer que ces obscurités disparaissent quand, pour juger *le Dogmatisme moral*, on se place au point de vue ascétique et mystique. Les sévérités des adversaires du R. P. viennent peut-être de la tendance exclusive qu'ils montrent en l'appréciant comme un travail philosophique et spéculatif. L'auteur dit lui-même que le dogmatisme moral est « la mise en œuvre (1) de la méthode critique et de la méthode ascétique, pour se dépouiller de toute

_____

(1) *Essais*, p. 108.

relativité dans sa manière d'être et dans sa manière de penser.»

Les jugements que nous avons formulés s'appliquent seulement aux idées criticistes et kantiennes disséminées dans tout l'ouvrage. Les conseils mystiques sont excellents et conduiraient sûrement les philosophes de toute école, s'ils les suivaient, à la possession sûre de la vérité.

On a tort quand on s'adonne aux études spéculatives de négliger les procédés moraux; les erreurs matérialistes et positivistes viennent surtout des vices du cœur; et il est bien vrai qu'au principe de la connaissance, la volonté a un rôle moral à accomplir. Il faut vouloir sincèrement arriver à la vérité, quels que soient les sacrifices qui en découlent pour la conduite de la vie. La vérité ne force pas, elle ne s'empare pas d'une âme qui ne veut pas la recevoir. Par conséquent, le penseur ne doit pas se borner à l'exercice de sa seule intelligence, qui serait ainsi isolée de la volonté, de l'action et de la vie. La nécessité de vivre et d'agir d'une certaine façon est de celles qui s'imposent et dont on ne peut pas renvoyer la solution après qu'on aura construit plus ou moins laborieusement un système d'idées abstraites. La bonne vie, les bonnes mœurs, la lutte persévérante et énergique contre les passions mauvaises, contre l'orgueil et les appétits inférieurs, s'imposent à la conscience du philosophe, si cette conscience est droite et qu'il soit animé d'une volonté vraiment bonne. Il doit combattre l'égoïsme (1), où tombent les sceptiques qui se font le centre de tout et cherchant uniquement les plaisirs

_____

(1) *Essai*, p. 39.

de la vie facile consacrent leurs forces intellectuelles
à trouver des théories qui apaisent leurs remords et
justifient leurs passions. Il faut que le philosophe
sincère et droit sorte de soi-même, s'élève au-dessus
de ce monde qui passe, se mette au-dessus des phénomènes qui se désagrègent et que le temps emporte,
ne se complaise pas dans les créatures (1), renonce
aux choses passagères et périssables, meure tous
les jours à soi-même comme saint Paul, se délivre
des apparences fugitives comme saint Augustin,
avoue sa dépendance vis-à-vis de Dieu, la reconnaisse avec humilité, pense à Dieu, travaille à mettre
Dieu en soi à la place des phénomènes, veuille ce
que Dieu veut, prenne Dieu pour fin, s'attache à lui
par l'amour. Alors on trouve Dieu en l'aimant, on
partage son immortalité. On se trouve aussi soi-
même, on devient une personnalité au-dessus du
temps et de l'espace. On trouve aussi les autres
hommes, on les aime parce que c'est la loi de Dieu
et qu'ils sont les créatures de Dieu, tandis que les
égoïstes et les vindicatifs traitent les autres, comme
s'ils n'existaient pas, et leur ôteraient l'être s'ils
pouvaient. On trouve aussi toutes les créatures.
Saint François d'Assise voyait dans les êtres inférieurs des existences voulues par Dieu, et qu'il
devait vouloir avec Lui et en Lui, des existences
avec lesquelles, du point de vue de Dieu, la sienne
s'harmonisait.

Certes, cette méthode est excellente ; le R. P. a
raison de dire qu'elle ne consiste pas dans une opération logique, ni une démonstration, elle est une
action. Il est grandement à désirer que tous les

(1) *Essais*, pp. 60-63.

hommes la suivent. Et il n'y aurait place que pour
l'éloge, et toute critique serait déplacée si notre
philosophe ne voulait pas la donner comme une
méthode de métaphysique. Prendre Dieu pour fin,
se détacher du monde, penser toujours à Dieu, se
fixer en lui par l'amour, c'est le chemin qui mène
à la sainteté, c'est une œuvre éminemment louable.
Vouloir en faire un état d'âme nécessaire à l'homme
qui commence à philosopher, c'est-à-dire à chercher
les raisons qui l'élèvent à la connaissance des plus
hautes vérités naturelles sur soi-même, sur le
monde et sur Dieu, une telle méthode ne cons-
titue-t-elle une vraie confusion ?

J'admets que les philosophes oublient trop que
bien vivre est une condition très utile pour bien
penser. Il en est, cependant, dont les spéculations
sont irréprochables et dont la conduite laisse beaucoup à désirer. *Video meliora proboque, deteriora
sequor,* disait le poète païen. Et S. Paul : Je ne fais
pas le bien que je veux, je fais le mal que je ne veux
pas. Mais, enfin, on ne saurait nier l'influence de la
vie et de l'action sur la pensée.

Mais la pensée intellectuelle, mais le travail de
l'esprit ont une place prépondérante dans la recherche
du vrai. La supprimer et donner tout au vouloir,
c'est se condamner à l'inaction ; car la volonté
n'agit que vers une fin connue, elle a besoin d'être
poussée par des motifs compris.

Cette forte objection se dresse contre le dogmatisme moral. Nous allons voir comment il y répond.

CHAPITRE III

LA PHILOSOPHIE DE LA VOLONTÉ

---

1. — A leur première apparition dans les recueils périodiques, les idées du P. Laberthonnière suscitèrent des admirations enthousiastes et passionnées et de justes critiques. Les premières n'étaient pas sans danger, venant d'écrivains plus audacieux que prudents et parfois tumultueux. Les secondes étaient inspirées par le zèle pour la défense de la philosophie traditionnelle et pour la pureté de la foi catholique. Nous n'oserions pas dire que celles-ci ont toujours gardé la juste mesure, difficile à maintenir dans le feu de la bataille. Le savant et pieux philosophe, objet de cette étude, ne s'émut pas trop

toutefois, et puisa dans sa droiture intellectuelle
et sa foi religieuse, le rare courage de reconnaître,
avec une humilité et une sincérité parfaites, les
imperfections de sa première œuvre.

« Convaincu (1), en ce qui me concerne, et de
l'imperfection de mes pensées et de l'imperfection
de l'expression qu'elles ont reçue, je désire seulement essayer de les préciser sur certains points,
afin de mettre à l'abri autant qu'il dépend de moi,
les fausses interprétations. » Et il publia, sous le
titre d'*Eclaircissements sur le Dogmatisme moral*,
un autre important travail sur lequel nous devons
fixer notre attention.

Il repousse d'abord les accusations de subjectivisme, de sentimentalisme, de fidéisme et d'ontologisme, dont on l'avait, à son avis, trop libéralement
gratifié. Le subjectivisme protestant n'est qu'une
forme de scepticisme ; il ne veut pas se soumettre à
la vérité objective et révélée ; chaque individu s'attribue le droit de s'enfermer en soi-même et se fait,
sous la prétendue inspiration de l'Esprit-Saint, sa
vérité à lui, vérité particulière, relative et momen-
tanée. Les protestants et les incrédules rejettent
tout dogmatisme au nom de la liberté, et ne croient
plus à rien, sinon aux droits sacrés de l'individu.

Le but du R. P. est de combattre cette erreur, en
respectant, dans ce qu'il a de respectable, le sentiment que les incroyants ont de leur personnalité et
de leur autonomie. Ils s'imaginent que la vérité
philosophique et religieuse veut s'introduire en eux
du dehors et comme de force, et comprimer en eux
le mouvement de la vie et de la pensée (2). Il s'agit

---

(1) *Essais*, p. 113. — (2) *Ibid.*, pp. 115, 116.

de leur montrer que, contrairement à leur préjugé, la vérité ne nous asservit pas, qu'elle n'est pas une *hétéronomie*, qu'elle est la vie même, qu'elle respecte l'autonomie de la personne, qu'elle est même une promesse de délivrance. C'est la parole même de l'Évangile : *Veritas liberabit vos.*

De là, selon le R. P., la nécessité s'impose au philosophe chrétien et à l'apologiste, de considérer la vérité au point de vue moral, au point de vue de la volonté et de la vie intérieure. La méthode intellectualiste et scolastique n'envisage que la démonstration dialectique, qui impose la vérité religieuse comme un théorème de géométrie ; le seul raisonnement ne nous met pas en possession de la vérité, la pratique de la vie religieuse doit s'y joindre. La connaissance de Dieu se fait et se perfectionne avec notre concours. Elle ne vient pas en nous malgré nous, elle ne s'impose pas, elle ne nous nécessite pas, Pour connaître Dieu, il faut le chercher et l'aimer. Telles sont les idées maîtresses du dogmatisme moral. C'est la méthode de la tradition et de la grande théologie chrétienne. S. Thomas ne reconnaît-il pas lui-même que ses plus hautes conceptions étaient restées inadéquates à la vérité. La philosophie de l'action et le dogmatisme moral ne sont donc pas une *innovation*, mais plutôt une *rénovation* rendue nécessaire par l'état d'esprit des incroyants contemporains ; c'est une tactique habile de combattre le rationalisme sur le terrain où il se place (1).

2. — Après avoir ainsi nettement déterminé son but, l'habile écrivain atténue légèrement le rôle prépondérant qu'il avait attribué à la volonté.

_____

(1) *Essais*, p. 111-119.

Ce qu'il a dit de la liberté dans les affirmations de l'être ne signifie pas que nous ayons le droit de nier ou d'affirmer au gré de notre caprice. Il repousse l'accusation de tomber dans l'erreur sentimentaliste qui refuse à l'intelligence toute part dans l'acquisition de la vérité. Loin de prétendre, comme certains de ses adversaires le lui font dire, que toute connaissance intellectuelle est illusoire, il déclare formellement au contraire que la volonté n'agit jamais à part de l'intelligence. « Nous ne voulons pas à part » ; mais il soutient avec une égale ardeur que la volonté intervient dans la formation de nos idées.

Ceci l'amène et doit nous amener aussi à considérer de plus près les rapports entre l'intelligence et la volonté.

D'après la philosophie scolastique, il y a des vérités qui s'imposent à l'assentiment de l'intelligence, ce sont les premiers principes, par exemple, le principe de contradiction, le principe de causalité ; les conclusions des sciences exactes et abstraites, par exemple, les théorèmes de l'arithmétique et de la géométrie ; et enfin, les faits d'évidence, d'intuition directe et immédiate, par exemple, mon existence objective et réelle, la réelle et objective existence des autres êtres que je vois, que je touche et que je perçois par mes sens.

Il y a des vérités qui ne sont pas immédiatement évidentes, mais qui résultent du raisonnement déductif ou inductif, telles sont l'existence de Dieu, la spiritualité, l'immortalité de l'âme. Ces dernières ne sont pas moins certaines, la philosophie les démontre et nous fait parvenir à une certitude qui exclut tout doute.

Les premières s'imposent, la volonté n'y peut rien. L'intelligence reconnaît leur vérité immédiatement et perçoit directement aussi la vérité objective de sa connaissance. Les idéalistes les plus déterminés, les plus fidèles disciples du criticisme kantien ne peuvent nier l'existence objective et réelle des autres et d'eux-mêmes. Toutes les négations sont possibles dans l'atmosphère factice et surchauffée des écoles; mais, elles ne pénètrent pas l'âme. Il n'est pas un homme, sain d'esprit, qui, rencontrant un ami, pense ne percevoir qu'une représentation subjective et un état de son âme.

Et cependant pour cette série de vérités mêmes, la volonté a un rôle, et si elle ne peut s'opposer à l'assentiment de l'intelligence, elle peut détourner l'attention qui dépend d'elle. Si du théorème sur le carré de l'hypothénuse découlait un devoir moral qui oblige à un acte difficile, elle aurait bientôt fait de distraire l'esprit ou de l'amener à une négation pure et simple.

Est-ce que les sceptiques ne révoquent pas en doute le principe de causalité? Et les Hégéliens n'affirment-ils pas l'identité des contraires, au mépris du principe de contradiction?

A plus forte raison, l'action de la volonté peut-elle s'exercer quand il s'agit de l'acquisition des vérités suprasensibles, ayant pour objet Dieu et l'âme, qui échappent à l'intuition directe ou indirecte, et dont la possession exige la démonstration dialectique. Il est à craindre et il arrive souvent que la volonté, pour se soustraire à l'obligation d'accomplir des devoirs rigoureux, accueille les objections et les sophismes, détourne l'attention sur les objets qui la séduisent et arrive à exercer un déplo-

rable empire sur la puissance intellectuelle. Si le
dogmatisme moral avait pour but de discipliner la
volonté libre, d'obtenir de celle-ci qu'elle soit bonne
et sincère et cesse de faire obstacle à la lumière
objective de la vérité, si tels étaient le sens et le
but de la philosophie de l'action, ils ne rencontre-
raient pas d'adversaires.

3. — Mais il n'en est pas ainsi. Les conceptions
de notre auteur, sur les rapports entre l'intelligence
et la volonté, ne ressemblent guère aux idées que
nous venons d'exposer d'après les principes de la
philosophie thomiste. Il fait la part trop grande à
cette dernière puissance et diminue d'autant la part
de la première. A l'en croire, les seules affirmations
logiques, telles que celles-ci : le tout est plus grand
que sa partie, échappent aux prises de l'acte volontaire et libre, elles constituent le dynamisme logique
de la pensée abstraite et n'ont aucun caractère
moral. Les autres affirmations, concernant Dieu, le
moi et le monde, ayant pour objet l'être, sont appelées ontologiques ; elles constituent le dynamisme
moral de la pensée vivante, elles supposent déjà
l'action, elles n'existent que par l'intervention de la
volonté.

Nous autres, scolastiques, nous admettons la
belle théorie de S. Thomas sur la domination souveraine de la volonté vis-à-vis des autres puissances ;
pour ne pas voir, je n'ai qu'à fermer les yeux ; pour
ne pas sentir un contact pénible, je n'ai qu'à retirer
la main ; pour ne pas apercevoir des yeux de
l'esprit une vérité qui me déplait, je n'ai qu'à penser
à autre chose. La puissance motrice et la raison
sont soumises au commandement de l'appétit rationnel ; la sensibilité interne elle-même n'y est pas

soustraite : je puis bannir les souvenirs douloureux
et repousser les imaginations dangereuses. Mais
nous distinguons soigneusement les actes des
puissances ; en disant que l'homme pense aux objets
auxquels il veut penser, nous soutenons que l'influence de la volonté sur l'intellection n'est qu'extérieure et ne s'exerce pas sur l'acte même de comprendre. C'est l'acte intellectuel seul qui saisit les
êtres, par une intuition directe s'il s'agit du moi ou
du monde, et par voie indirecte et déductive, s'il
s'agit de Dieu et de la nature de l'âme.

Et malgré les craintes du dogmatisme moral,
nous n'abdiquons pas pour cela notre autonomie et
notre personnalité, la vérité n'entre pas en nous
comme une hétéronomie s'imposant de force. Il
suffit, pour sauvegarder la dignité de la personne
humaine, que la volonté ait le rôle que nous venons
de dire. Je me demande en quoi cet intellectualisme
scolastique amoindrit mon autonomie et fait tort à
ma personnalité. Parce que je soutiens qu'en
ouvrant les yeux je vois directement mon ami placé
devant moi et me tendant la main, parce que je
soutiens, fondé sur le principe de causalité, que la
vue du monde me force à conclure à l'existence de
Dieu, on me dit que je suis moins homme et que je
rabaisse ma dignité personnelle. En vérité, c'est
l'objection qui n'est pas facile à comprendre.

Mais, réplique le R. P., Dieu est une réalité et
non une vérité abstraite, il vous est donc impossible
d'aller à lui par une ou plusieurs abstractions. -

Les scolastiques savent bien que Dieu est vivant
et la vie même ; ils le définissent un Acte pur
et non pas une idée géométrique. Seulement, ne
jouissant pas sur cette terre de la vision intui-

tive, ne voyant pas Dieu tel qu'il est en lui-même
sans voiles et sans images, ils établissent d'abord
son existence en se basant sur les raisonnements
qui les mènent à la certitude et pour connaître la
nature divine, autant que la raison humaine le peut,
ils se servent d'images empruntées au monde matériel, humain, et angélique ; ils suppriment toutes
les imperfections, ils ôtent les limites à toutes les
perfections des créatures, et ils arrivent à se faire
de Dieu une conception très pure, très belle et très
vraie, qui est sans doute infiniment au-dessous de
la réalité, mais qui l'emporte infiniment sur toutes
les perfections, les beautés, les grandeurs du monde
matériel, du monde humain et du monde angélique
réunies et centuplées. Et ils ont la conscience que ce
travail intellectuel ne diminue en rien leur personnalité et leur autonomie ; ces vérités ne s'intro-
duisent pas dans leur esprit avec violence, ils les
admettent volontairement, elles leur appartiennent.
Elles sont nôtres, nous ne les subissons pas, nous
les pensons par des actes intellectuels volontaires,
nous y tenons, nous les aimons et nous sommes
résolus à les défendre. Il y a sans doute, dans cette
méthode, des actions de la volonté exerçant son
empire pour commander le travail ; mais ce travail,
c'est l'intelligence qui l'exécute.

4. — La volonté agit, avant l'acte de connaissance,
en commandant aux puissances cognoscitives et
pendant l'acte, pour le prolonger par l'attention et la
réflexion qui dépendent aussi du vouloir, ou bien
pour le finir. J'ouvre les yeux quand je veux, et
quand je veux aussi, je pense à une idée abstraite.
Mais dans l'essence intime de la vision et de l'intellection, les puissances cognoscitives agissent seules

sans le concours de la volonté. Je ne puis ne pas
voir de mes yeux grands ouverts les objets situés
dans mon champ visuel; je ne puis méconnaître
l'existence extérieure et objective de mon ami qui
me tend la main; je ne puis ne pas convenir que
deux fois deux fassent quatre. Ces vérités abstraites,
ces faits sensibles s'imposent à moi. La volonté libre
n'a rien à faire ici; tout l'acte de connaissance appartient en propre aux sens ou à l'intellect. Mais alors,
objecte-t-on, les objets extérieurs vous oppriment
du dehors, vous perdez votre autonomie. Nullement : le sens et l'intellect ne sont pas uniquement
passifs; ils reçoivent d'abord la représentation sensible ou intellectuelle des choses et des vérités
objectives : c'est la *species sensibilis,* la *species
intelligibilis impressa.* — Alors les sens et l'intelligence sortent de leur inactivité, s'approprient cette
image, l'expriment en eux : c'est la *species sensibilis* et la *species intelligibilis expressa.* — Cette image,
qui leur sert à percevoir l'objet, devient leur acte
vital. Le reproche d'hétéronomie tombe donc à faux :
je ne perds rien de ma personnalité.

Le R. P., en bon criticiste, repousse cette théorie
de la connaissance. « Il ne faut pas s'imaginer,
dit-il (1), que la volonté affirme l'être seulement après
coup, quand l'intelligence lui a fourni les objets
créés par les idées. La volonté intervient dans la
formation même des idées et dès le premier éveil de
la conscience qui est un appel de Dieu. Nous prenons
conscience de nous-mêmes par tout le reste, et c'est
dans tout le reste que nous nous alimentons. Dieu
est donc là, puisqu'en nous rien n'est et ne se fait
sans lui ».

(1) *Essais,* p. 128.

Essayons de bien comprendre ce que notre philosophe veut dire.

Selon la théorie scolastique, nous connaissons d'abord l'être extérieur par les sens et l'intelligence, ensuite nous nous connaissons nous-mêmes par la vue directe de la conscience. Puis nous nous élevons à Dieu par le principe de causalité, et nous arrivons ainsi au sommet de notre science religieuse naturelle. Existence de Dieu, nature et perfections divines, providence, concours divin, nous possédons ces vérités en nous servant du raisonnement dialectique.

5. — Tout autre est la théorie volontariste. La conscience et les sens ne nous font toucher que de vains phénomènes. La volonté agit la première : l'acte qu'elle pose avant tout autre est la conscience de soi ; et la conscience de soi s'acquiert par les autres êtres. Et dans cet acte par lequel je me connais par les autres êtres, Dieu est présent par le concours divin, nécessaire à toute créature. Et ce concours lui-même, je ne le connais pas, par déduction, ce serait de l'intellectualisme. Comment donc Dieu m'apparaît-il dans mon premier acte volontaire en lequel je me saisis par les autres ? Écoutons le R. P. : « Dieu est là, mais sa présence est tout d'abord anonyme. » Puis notre philosophe cite à l'appui de la thèse ces paroles de M. Blondel : « Sans en connaître le nom et la nature, on peut deviner son approche et comme éprouver son contact, tout ainsi que dans le silence de la nuit, l'on entend les pas, l'on touche la main d'un ami qu'on ne reconnaît pas encore. » (1)

_____

(1) *Essais*, p. 133. Chose singulière ! Ulrici, un des chefs du sentimentalisme protestant, emploie, pour expliquer les pre-

« Avant de pouvoir le nommer, dit le R. P. pour
son propre compte, nous le pressentons dans l'infini
de nos aspirations, dans le mécontentement incessant de ce que nous avons, de ce que nous faisons
et de ce que nous sommes, dans le sentiment de
l'insuffisance de tout. » (1)

Notre philosophe se place ici sous le patronage de
saint Thomas d'Aquin :

« Bien loin que ce soit seulement au terme et
après avoir nettement formé l'idée de Dieu que
nous l'affirmons, c'est aussi au point de départ et
dès l'origine. Le Dieu du commencement de la vie
est le Dieu inconnu dont parle saint Paul, mais
pour être inconnu, il n'est pas absent et encore
moins étranger. C'est ce que saint Thomas exprime
très bien dans le texte suivant : « *Cognoscere Deum
esse in aliquo communi sub quadam confusione est
nobis naturaliter insertum, in quantum scilicet Deus
est hominis beatitudo... Sed hoc non est simpliciter
cognoscere Deum esse ; sicut cognoscere venientem
non est cognoscere Petrum quamvis veniens sit
Petrus.* »

6. — Ce que nous devons surtout examiner est
cette affirmation de notre philosophe : dans le
premier acte de volonté, je sens ou je pressens
obscurément, mais réellement, l'action de Dieu,
qui se révèle par mes aspirations vers l'infini. J'ai
une conscience obscure, mais vraie de l'action

miers rapports entre Dieu et l'âme, une comparaison
analogue à celle-ci : « Qu'on pense, dit-il, à la sympathie ou
l'antipathie que l'on éprouve dès le premier coup d'œil pour
un homme que l'on ne connaît pas. » Ceci soit dit sans intention désobligeante, nous ne suspectons l'orthodoxie de personne.

(1) *Essais*, p. 135.

divine : cette conscience n'est pas intellectuelle et
consiste dans le pressentiment de l'infini. C'est
ainsi que Dieu manifeste directement sa présence
dans ma volonté. Arrêtons-nous à considérer avec
attention cette manifestation du concours divin en
nous. Elle n'est pas l'intuition des idées divines,
comme le veut Malebranche, ou de l'être divin,
comme le veut Gioberti. Le R. P. repousse ici
encore l'ontologisme. L'idée et la comparaison de
M. Blondel semblent lui sourire davantage : une
sorte de contact, analogue à celui qu'on éprouve en
touchant la main d'un ami dont on entend les pas,
sans qu'on puisse, à cause des ténèbres de la nuit,
le reconnaître clairement.

Toute comparaison cloche et celle-ci ne déroge
pas à la règle ; il semble même, quand on l'examine
de près, qu'elle cloche de tous les côtés. Il est
possible que j'entende le bruit des pas de mon ami,
sans que je le reconnaisse lui-même : cela est
possible, parce que les actes de l'homme ne sont pas
la substance de l'homme. En Dieu, au contraire,
aucune distinction réelle n'existe et ne peut exister.
Son acte est son essence même. Si je percevais
directement l'acte divin, ce qui d'ailleurs est au-
dessus de mes forces naturelles, je percevrais en
même temps son essence, telle qu'elle est en elle-
même, avec l'unité de la substance et la trinité des
personnes et tous les mystères révélés et tous ceux
que nous ne verrons que dans le ciel.

Oui, Dieu est en nous et nous sommes en lui. Il
nous a donné la vie et nous la conserve : tous nos
mouvements ne sont possibles qu'avec son concours.
C'est lui qui confère à mon intelligence la faculté
de comprendre et qui intervient dans chacun de

mes actes intellectuels. Il préside aussi à ma volonté
et, sans lui, je ne pourrais produire aucune volition.
Comment cela s'accomplit-il? Je l'ignore. C'est le
mystère de l'immanence et de la transcendance
divines. Je connais, par voie dialectique, l'existence
de ce concours; mais je sais aussi que ma nature
est complète en soi ; la conscience que j'en ai n'enveloppe pas l'action divine. Autrement celle-ci ferait
partie de moi-même; ce serait la confusion de
l'humain et du divin, et en suivant jusqu'au bout
cette idée, on entrevoit l'abîme du panthéisme. Il
n'y a donc aucune assimilation possible entre le
concours divin et un contact quelconque.

Au surplus, comment est-il possible que Dieu, la
lumière incréée et infinie, voulant se manifester à
la créature intelligente, ne produise en elle que des
aspirations vagues et tellement obscures que cette
intelligence créée ne peut les reconnaître? Quelle
accumulation d'impossibilités et de rêves bizarres !
En supposant même la réalité d'un fait aussi
étrange, la cause du volontarisme serait loin d'être
gagnée. Car enfin ces aspirations vagues, ces
obscurs pressentiments dont on parle, n'étant pas
des actes divins en nous, sont des effets ; si j'en
attribue la cause à Dieu, je raisonne, je fais un
syllogisme. Et le volontarisme, essayant son premier pas, est obligé de se soutenir par l'intellectualisme si détesté. On remarquera, sans qu'il soit
nécessaire que nous insistions, que cette hypothèse
du contact de l'âme et de Dieu peut très difficile-
ment se disculper de l'accusation d'ontologisme.

7. — L'hypothèse du contact, intellectualiste au
fond, étant écartée, examinons si ces pressentiments,
ces aspirations vers l'infini, ce mécontentement de

tout, dont parle le R. P. peuvent être attribués à la volonté.

Il est certain que Dieu étant le bien parfait et infini, notre volonté qui a le bien pour objet possède une tendance naturelle à s'unir à Dieu et à l'aimer, comme notre intelligence possède l'aptitude naturelle à s'unir à Dieu, Vérité infinie. Mais la nature de la volonté exige que cette puissance connaisse un bien déterminé avant de le prendre pour fin. Pour vouloir une fin, je dois la connaître avec précision ; le R. P. lui-même l'admet. « Une volonté sans intelligence, dit-il, n'est point une volonté. » Et cette connaissance qui précède la volonté doit être particulière et spéciale ; si je ne vois pas un bien particulier, si je ne fixe pas mon choix libre sur lui, si mon idée est flottante, obscure, vague et indéterminée, elle ne saurait déterminer mon libre vouloir. Celui-ci resterait inactif, si l'intelligence ne lui montrait comme but de son mouvement un bien précis et spécial. Tel est le vrai sens du texte de S. Thomas cité par le R. P.

Dans ce texte (1), il est question, non pas de la volonté ni de pressentiments obscurs qui seraient son acte, mais d'un acte de connaissance intellectuelle. Le saint Docteur veut prouver que l'existence de Dieu n'est pas pour l'homme évidente par elle-même, mais a besoin d'une démonstration fondée sur l'existence des créatures. Il se pose cette objection : Mais tous les hommes ont naturellement l'idée de Dieu, c'est donc que son existence est évidente par elle-même. Voici la réponse : «Oui, nous connaissons naturellement que Dieu existe, mais

_____

(1) *Sum. Theol.* ; quaest. II, art. 1, ad I[um].

cette connaissance est confuse ; elle est impliquée
dans le désir du bonheur, désir naturel à l'homme ; »
— mais nous ne l'y voyons pas, nous l'en tirons par
voie dialectique. — « Dieu étant la béatitude de
l'homme, il suit de là que l'homme connaît Dieu
naturellement ; mais cela ne s'appelle pas connaître
vraiment Dieu. On ne peut pas dire qu'on connaît
Pierre, quand on voit un homme venir, et qu'on
ignore que c'est Pierre qui vient. Une multitude
d'hommes ont placé le bonheur, les uns dans les
richesses, d'autres dans la volupté, d'autres
ailleurs. »

Saint Thomas, après avoir consacré les vingt-six
premières questions de la Somme à démontrer
dialectiquement par le syllogisme l'existence et les
attributs de Dieu, a composé tout le traité *de Beati-*
tudine pour prouver, par la même méthode, que Dieu
est le bien de l'homme. Ajoutons que tout ce que
nous avons dit sur les rapports de l'intelligence est
entièrement conforme à la doctrine de saint Thomas.
Ce n'est pas ce penseur, d'un génie si clair et si
profond, qui aurait fondé toute une méthode sur
l'obscurité de pressentiments vagues et d'aspirations
mal définies.

Ceci nous autorise à conclure que la traduction
du R. P. est erronée et son interprétation abusive.
Ces pressentiments, ces aspirations ne peuvent par
eux-mêmes, indépendamment de l'intelligence, nous
mener à Dieu. Ils tendent à tout bien, quel qu'il soit,
aux richesses, aux plaisirs, aux honneurs ; ce n'est
qu'avec le concours du raisonnement dialectique
que nous apprenons que ce désir inné, cette tendance
naturelle du bonheur a Dieu seul pour objet. Alors
la volonté tend à Dieu, parce qu'elle le connaît

comme souverain bien, mais c'est l'intelligence qui
le lui fait connaître. Quant au *mécontentement de
tout*, dont parle le R. P., il est un fait résultant
d'expériences. Ce fait et le principe de causalité
forment les deux prémisses d'un syllogisme dont
voici la conclusion : Rien de créé ne pouvant rendre
l'homme heureux, Dieu est le seul vrai bien de
l'homme. Mais c'est encore de l'intellectualisme.
Pauvre philosophie de la volonté ! A peine sortie du
berceau, cette jeune et imprudente doctrine affichait
des prétentions hautaines et n'avait que du mépris
pour la philosophie traditionnelle. Et voilà que,
pour assurer son premier pas, elle est fort aise de
réclamer le secours de l'intellectualisme si décrié.
La précaution est utile ; sans elle, le volontarisme
tomberait lourdement et ne se relèverait pas.

8. — S'il ne veut pas de ce précieux concours, il
tombera dans le sentimentalisme et sera forcé de
convenir que ces aspirations, ces pressentiments,
n'étant pas des actes intellectuels ni volontaires,
appartiennent à l'ordre des inclinations sensibles.
Alors purement subjectives, elles varient avec les
individus. Elles dépendent du tempérament et des
puissances inférieures, surtout de l'imagination et
de l'impression des sens. Les hommes chez lesquels
l'intelligence et la volonté dominent ne les sentent
pas ; d'autres, au contraire, les éprouvent avec plus
ou moins d'intensité, et cette intensité varie dans le
même individu avec les dispositions de leur nature
matérielle. Ces tendances sont vagues ; leur objet,
ce à quoi elles tendent, n'est pas le véritable infini,
c'est-à-dire Dieu ; mais l'indéfini, l'indéterminé. Ce
sont des forces en soi aveugles, qui se portent vers
les objets les plus divers, les plaisirs sensibles, les

richesses, les honneurs, selon que l'intelligence fait
entrer dans son idée générale de bien et de bonheur
l'un ou l'autre de ces biens particuliers. Elles entraî-
nent alors la volonté dans leur mouvement. Celle-ci
peut à son tour s'en servir pour donner plus de force
à son acte propre. La bonne volonté et l'intelligence,
mécontentes des expériences passées et sachant par
là où est le vrai bien, se tournent énergiquement
vers Dieu et communiquent ce mouvement aux
puissances inférieures. Le sentiment alors devient
une grande force morale; mais il doit ce caractère
aux facultés intellectuelles. Sans elles, il en est
dépourvu et ne monte pas à Dieu, mais descend
toujours plus bas vers les créatures.

Loin de nous la pensée d'attribuer cette erreur du
sentimentalisme au R. P. qui la répudie et la condamne. Mais nous devions montrer que les aspirations et les pressentiments attribués par lui à la
à la volonté, et considérés à tort comme des effets
produits par Dieu en nous et comme étant capables
de nous élever vers une possession de plus en plus
parfaite de Dieu, ne peuvent à eux seuls nous faire
prendre Dieu pour fin. En faire le fondement d'un
système, c'est s'exposer, malgré soi, à tomber dans
le sentimentalisme.

Pour que ma volonté aille à Dieu, il faut d'abord
que je le connaisse, ce qui est une œuvre de raison.
Pour agir, la volonté a besoin de motifs déterminants.
Elle n'est pas toujours bonne, et il importe, dans
une étude de cette nature, de se rappeler que la
concupiscence a détruit l'équilibre primitif. Notre
auteur paraît avoir oublié cette considération. Nous
tendons au mal ; les inclinations mauvaises et
vicieuses exercent une influence considérable sur

notre libre arbitre, elles lui présentent des biens
inférieurs, faciles à saisir et dont la jouissance est
immédiate. Si vous ne lui opposez pas des raisons
solides, si, au lieu de vous appliquer à répondre aux
objections d'ordre intellectuel que l'impiété suscite
contre les vérités spiritualistes et religieuses, vous
niez le pouvoir de la raison et du raisonnement pour
s'élever à Dieu, pensez-vous que des aspirations
vagues et d'obscurs pressentiments auront assez de
force pour contrebalancer les influences mauvaises ?
et croyez-vous que l'action aura ces caractères de
désintéressement, de sacrifice de soi, de détachement de tout, de mort à soi-même, dont vous dites
si bien qu'elles sont les conditions morales requises
pour atteindre la vérité. On ne pratiquera pas ces
vertus, si l'on ne sait pourquoi.

Malgré les *éclaircissements* du R. P., le dogmatisme moral n'est donc pas une bonne méthode.
Cette union hybride du kantisme et du mysticisme
compose un mauvais mélange. Le résultat serait
tout autre, si le volontarisme, si la philosophie de
l'action, comme elle aime à se nommer, répudiait
les erreurs du criticisme kantien et contractait une
étroite alliance avec la doctrine thomiste, qui est et
restera la seule philosophie chrétienne.

CHAPITRE IV

L'IMMANENCE ET SES INJUSTES ATTAQUES
CONTRE LA THÉOLOGIE SCOLASTIQUE

Sommaire : 1. Attaques injustes du R. P. contre l'apologétique traditionnelle. — 2. Les scolastiques ne confondent
pas la méthode mathématique et la méthode métaphysique. — 3. Ils ne sont pas pélagiens. — 4. Ni rationa-
listes. — 5. Avant M. Blondel, les vérités révélées
avaient-elles un sens pour nous ? La théologie pos-
sédait-elle l'unité de plan ? — 6. Nécessité de bien comprendre le point de vue où se place le néo-apologisme.

1. — Dans la dissertation suivante, intitulée le
Problème religieux (1), notre auteur applique à l'apologétique la méthode subjective dont il s'était servi
pour la solution des questions de philosophie naturelle. Comme il s'est élevé avec force, dans ses pré-
cédents travaux, contre les procédés rationnels et les
conclusions du thomisme, ainsi sa nouvelle étude
contient d'abord de nombreuses attaques contre
l'apologétique traditionnelle, telle qu'elle est enseignée dans les écoles théologiques et sur laquelle les
défenseurs de la foi se sont toujours appuyés pour
démontrer la vérité de la religion et répondre victorieusement aux arguments des incrédules.

« La vérité surnaturelle, dit le R. P. (2), peut-
elle découler de la vérité naturelle, comme les propriétés d'une notion géométrique découlent l'une de

----

(1) *Essais de phil. relig. Le Problème religieux*, pp. 151-190.
(2) *Ibid*, p. 156.

l'autre ? Evidemment non ; s'il en était ainsi, il n'y
aurait plus de surnaturel. Aucune solidarité logique
et nécessaire n'existe entre les deux ordres. L'apologétique (scolatique) est allée et va encore à l'aventure, cherchant partout un point d'appui qu'elle ne
trouve nulle part, et semblant toujours attendre que
la vérité surnaturelle apparaisse comme une vérité
philosophique ou simplement scientifique ; c'est du
rationalisme. — La foi n'est pas la conséquence
logique et nécessaire d'une démonstration rationnelle. S'imagine-t-on qu'on se fera croire soi-même
malgré soi et qu'on fera croire les autres malgré eux,
comme on voit malgré soi et comme on fait voir aux
autres la vérité logique d'une conclusion, une fois
les prémisses posées ? Si la foi n'était que la conclusion d'un raisonnement, il en serait de même de la
charité... On se comporte comme si l'on admettait
que la pensée suffit à tout et supplée à la vie et à
l'action. Voilà ce que M. Blondel a appelé l'intellectualisme. La science théologique n'est pas la foi....
Aucune forme d'apologétique ne résoi l le problème
religieux, parce qu'elle n'est qu'une science (1).
— Croire, c'est tout autre chose que voir des rapports
et que lier ensemble des idées abstraites pour en faire
un système rationnel. — Il n'est pas du tout nécessaire pour croire d'avoir fait la science de la vérité
surnaturelle. Pourquoi parle-t-on sans cesse de la
foi, comme si elle devait être la conclusion d'un
raisonnement ? Si la pensée spéculative nous mettait
en possession de la vérité au plein sens du mot,
c'est-à-dire de la réalité substantielle, comment la
foi pourrait-elle encore avoir un objet, une raison

(1) *Essais*, p. 163.

d'être ? La spéculation est affaire d'intelligence,
tandis que la foi est affaire de volonté (1). Les intellectualistes (c'est-à-dire les scolastiques) ne sont
préoccupés que de l'objet de la foi et de la manière
d'en faire la science et ne peuvent accepter qu'on parle
du rôle de la volonté. Se perdant dans des notions
abstraites qu'ils combinent logiquement, ils tendent
à méconnaître le rôle de la volonté et parlent comme
s'ils le méconnaissaient. »

Dans d'autres passages, le R. P. soutient que toute
apologétique objective et abstraite est radicalement
viciée ; qu'on ne peut être intellectualiste et chrétien
en même temps ; et approuve fort un critique allemand, M. Lasson, d'avoir dit que l'œuvre de
M. Blondel est une conception géniale. « Avec
M. Blondel, dit M. Lasson, l'apologétique qui
allait à l'aventure, dont les essais multiples dans
notre siècle se sont accumulés comme des ruines,
se précise enfin et prend nettement conscience de
son rôle et de sa portée. »

2. — Avant d'aller plus loin et d'étudier la nature
du néo-apologisme, il est opportun de répondre
sinon à toutes, du moins aux principales erreurs de
fait et aux objections contenues dans les lignes
précédentes. Nous nous bornerons à montrer d'abord
que la méthode scolastique diffère absolument de la
méthode aprioristique usitée en géométrie et dans
les sciences exactes ; ensuite que les théologiens
catholiques et les apologistes depuis les Pères de
l'Église et saint Thomas jusqu'à nos jours ne sont
nullement pélagiens et ne nient pas du tout le
rôle de la volonté et de la grâce ; et enfin qu'ils ne

(1) *Essais,* p. 165.

sont nullement suspects de rationalisme, comme le
P. Laberthonnière l'insinue clairement.

L'objet des mathématiques est idéal ; ce sont des
quantités et des grandeurs qui n'ont d'existence que
dans l'esprit. Certaines vérités mathématiques,
comme les axiomes, jouissent de l'évidence immédiate et n'ont pas besoin de démonstration ; pour
pour les comprendre, il suffit de considérer avec
quelque attention les deux termes de la proposition,
le sujet et le prédicat. Les autres vérités n'ont pas
ce privilège : l'esprit ne saisit pas de suite le lien
qui unit les deux termes, ne voit pas, par exemple
immédiatement que les trois angles d'un triangle
sont égaux à deux droits, ou que le carré construit
sur l'hypothénuse d'un triangle rectangle est égal à
la somme des carrés construits sur les deux autres
côtés. Pour comprendre ces conclusions, je suis
obligé de recourir à des moyens termes, idées intermédiaires, destinées à me faire voir le lien nécessaire entre les termes de la conclusion, lien qui ne
m'apparaissait pas d'abord. Toutes les propositions
d'un théorème sont générales ; elles constituent la
démonstration *a priori*, analytique.

La démonstration des vérités métaphysiques est
bien différente. Les mathématiques s'occupent des
quantités idéales et subjectives. L'objet de la métaphysique, au contraire, est l'être réel, les êtres
vrais et objectifs et leur nature. Les vérités de cet
ordre se démontrent sans doute avec le secours des
principes généraux, tels que le principe de causalité,
mais cette démonstration a besoin d'autres éléments
qui sont les existences, les faits réels.

Pour parvenir à une connaissance métaphysi-
quement certaine des vérités naturelles qui sont les

préambules de la foi : la spiritualité et l'immortalité
de l'âme, l'existence de Dieu, ses perfections infinies
et son infinie véracité, les principes abstraits seuls ne
sont pas suffisants. Ils se rassembleraient tous et
réuniraient leurs forces pour démontrer l'existence
d'un seul grain de sable, leurs efforts seraient
impuissants. Les faits ne se démontrent pas, comme
les vérités nécessaires ; ils se montrent.

De même, ce n'est pas exclusivement sur des vérités
idéales, nécessaires et universelles que reposent les
preuves de la Révélation, miracles, prophéties, diffu-
sion de la religion, notes caractéristiques de l'Église
et toute la démonstration apologétique. La méthode
historique par laquelle on compare les religions de
tous les peuples et les doctrines de toutes les sectes
philosophiques avec la religion chrétienne, fait ressortir la supériorité de celle-ci sur les premières et
amène cette conclusion que seul le christianisme
répond pleinement et parfaitement aux besoins et
à la fin de l'homme. Dans cette preuve encore, les
principes abstraits ne suffisent pas; elle est cons-
truite sur des existences et des faits objectifs.
Partout le procédé de l'apologétique traditionnelle
se sert également du raisonnement et des faits
concrets, qui s'unissent en un ensemble harmonieux
et constituent une démonstration capable de confondre les plus déterminés adversaires.

Ici encore la différence est grande entre la certitude mathématique et la certitude métaphysique.
Le R. P. qui ne veut pas distinguer par leurs
méthodes les sciences exactes de la science religieuse, paraît confondre en une seule espèce leurs
diverses certitudes ou du moins attribue cette confusion à ses adversaires. Et cependant nul théolo-

gien, nul philosophe scolastique ne l'a jamais
commise. Ils trouvent même de très belles et très
fortes raisons pour expliquer la différence qui existe
entre la certitude mathématique et la certitude
métaphysique. Les sciences exactes, disent-ils, ont
pour objet la quantité qui est perçue et par l'intelligence et par l'imagination, faculté sensitive interne.
La vérité mathémathique est donc parfaitement
adaptée à notre double nature, matérielle et spirituelle ; de là vient la perfection de notre certitude.
Il n'en est pas ainsi des vérités métaphysiques qui
ont l'âme et Dieu pour objet. En elles-mêmes, ces
vérités sont les plus certaines de toutes, mais non
pas par rapport à nous, car elles sont tout-à-fait
spirituelles ; les idées qui les représentent doivent
faire abstraction de tout caractère sensible, y compris la quantité et être dépourvues de toute image :
elles s'adaptent moins à notre double nature et la
certitude qu'elles engendrent est moins parfaite (1).

Rien n'est donc plus faux que cette accusation du
P. Laberthonnière. Regarder la scolastique comme
fondant l'adhésion de l'âme à la vérité religieuse
uniquement sur les idées pures qui s'enchaînent
rigoureusement à la manière des syllogismes abstraits des sciences mathématiques, de telle sorte
que, les prémisses étant posées, la conclusion force
l'assentiment, c'est méconnaitre absolument la
doctrine de l'École. Le néo-apologisme qui soulève
contre la méthode traditionnelle des objections aussi
fausses, des accusations aussi injustes, se prépare
peut-être des triomphes faciles, mais au détriment
de la vérité.

(1) *Philosophia laceniis.* Institutiones logicales, par Tilmann
Pesch. t. I, p. 217.

3. — La seconde accusation sur le rôle de la
volonté supprimée par l'ancien procédé, n'est pas
mieux fondée que la première. Nous avons démontré précédemment quelle grande place laissent à la
volonté les écrivains de l'Ecole pour l'acquisition de
la vérité philosophique ; la place n'est pas moindre
pour l'acquisition de la vérité religieuse.

Quelque puissantes, disent-ils (1), que soient les
preuves ontologiques et historiques, la théologie
requiert une volonté sincère et bonne dans l'âme
qui est à la recherche de la vérité et veut vraiment
la trouver. Les dispositions morales sont indispensables pour que la raison, qui est aussi un don de
Dieu, remplisse bien sa principale mission de conduire les hommes à la foi.

Quelles nombreuses occasions s'offrent à l'apologiste d'exercer sa volonté! Les miracles et les
prophéties doivent être discutés, examinés, contrôlés.
Il faut d'abord découvrir les témoignages qui
attestent l'existence du fait réputé miraculeux,
ensuite en considérer les caractères préternaturels,
voir si l'événement dont il s'agit rentre dans la
catégorie des faits ordinaires et discerner s'ils ne
peuvent être attribués à des causes diaboliques.
C'est le devoir de l'apologiste de raisonner, de comparer et de conclure. Ces raisonnements ne ressemblent en rien aux syllogismes arides des sciences
abstraites. Les faits en question sont sensibles, les
témoignages sont humains. Une attention soutenue,
une réflexion prolongée sont requises pour cette
étude. Et l'attention et la réflexion sont des actes
que l'intelligence accomplit sur le commandement
de la volonté.

(1) P. Perrone, *Praelectiones theologicae*, t. IV, p. 579.

Et quand ce travail est fini, quand on a réussi à mettre en lumière le caractère nettement miraculeux de certains faits, quand tout doute légitime doit être banni de l'esprit du contradicteur, est-ce que la foi résulte nécessairement de cette étude, comme la conclusion nécessaire d'un syllogisme ? est-ce que l'adhésion de l'intelligence est forcée ? Est-il juste d'attribuer de pareilles erreurs aux théologiens scolastiques ? qu'on dise alors quels auteurs les enseignent et dans quelles écoles.

Est-ce que les professeurs de théologie dans les grands séminaires et dans les universités catholiques ignorent que les témoins mêmes des miracles évangéliques refusèrent de croire en Jésus-Christ ? Est-ce qu'ils ignorent cette réflexion des volontés pharisaïques : « C'est par Béelzébuth qu'il chasse les démons ? » Est-ce qu'ils ignorent la réponse d'Abraham au mauvais riche demandant que Lazare revînt sur la terre comme une prédication vivante : « Si tes parents n'écoutent pas Moïse et les prophètes, ils ne croiraient pas davantage aux morts qui reviendraient à la vie ? »

La foi est un acte qui procède de la volonté aussi bien que de l'intelligence. Les miracles sont des faits d'ordre sensible et matériel ; les vérités qu'il faut croire ne tombent pas sous les sens et n'apparaissent pas elles-mêmes par des effets tangibles. On peut admettre les premiers et connaître en eux les éléments qui les placent en dehors et au-dessus des lois naturelles, et cependant refuser et adhérer aux dogmes, objet de la révélation. La foi est essentiellement un don surnaturel ; mais cette grâce ne détruit pas notre libre arbitre. Telle est la doctrine enseignée dans toutes les écoles de théologie catholique. Et l'on ne peut qu'être péniblement surpris que le P. Laberthonnière l'ignore et persiste à attribuer l'hérésie pélagienne à ses adversaires.

4. — Il y a plus encore. S'il faut en croire notre auteur, l'ancienne apologétique semble attendre que la vérité révélée apparaisse comme une vérité philosophique, découlant logiquement des vérités naturelles ; ce qui est du rationalisme tout pur.

Franchement, cette erreur de fait dépasse les limites permises: Qu'il nous suffise de résumer ici quelques théorèmes de la *Logique surnaturelle subjective*, par M. le chanoine Didiot, l'éminent théologien thomiste, ancien professeur de dogme et de morale, et ancien doyen à la Faculté catholique de Lille. Nous nous permettons de conseiller la lecture et l'étude de cet important ouvrage à tous les partisans des idées nouvelles.

L'École enseigne qu'il y a des mystères, c'est-à-dire des réalités objectives dont nulle raison humaine, livrée à ses seules forces, n'arrivera jamais à connaître l'existence et encore moins l'essence. Elle enseigne que la raison même éclairée par la foi ne peut démontrer rationnellement et scientifiquement les vérités mystérieuses, même révélées de Dieu et proposées par l'Église. C'était l'erreur de philosophes catholiques, tels que.. Froschammer, Hermès, Günther, grands ennemis de la scolastique, amis de la philosophie cartésienne et kantiste. Condamnée dans une série de documents allant de Grégoire XVI au Concile du Vatican, cette erreur tombe sous le définitif anathème prononcé par l'auguste assemblée : « Si quelqu'un dit que, dans la révélation divine, il n'y a point de mystères véritables et proprement dits, mais que tous les dogmes de la foi peuvent être compris et démontrés par la raison convenablement cultivée et au moyen des principes naturels, qu'il soit anathème ! »

La raison peut faire voir, à l'aide de démonstrations théologiques, l'analogie des mystères et leur accord parfait avec d'autres vérités naturellement ou surnaturellement connues ; mais ce n'est pas là la démonstration rationnelle scientifique, *a priori*. Par exemple, on démontre en théologie l'existence d'un dogme par une déduction tirée d'un autre dogme, comme l'existence d'une double volonté dans l'unique personne de Jésus-Christ par la réalité de deux natures complètes, l'une divine, l'autre humaine, en Jésus-Christ. Mais c'est là une démonstration surnaturellement, non naturellement scientifique, une démonstration théologique et non philosophique. De plus, le système tout entier des dogmes chrétiens n'est pas susceptible de cette démonstration, même surnaturellement scientifique, par un principe unique d'où devraient découler toutes nos croyances. Et surtout ce principe unique, ce sommet logique de toute philosophie religieuse, ne serait pas, comme le voulaient Hermès et Günther, un principe d'ordre rationnel, de certitude naturelle, d'évidence intrinsèque.

Ce que la raison peut démontrer dialectiquement, ce sont les vérités révélées qui appartiennent au cycle des vérités rationnelles ; ce ne sont pas les dogmes dont nous ne connaissons l'existence que par la Révélation. La réfutation des objections tirées de la philosophie et des autres sciences n'est qu'une démonstration négative, polémique, ne visant qu'à établir la possibilité des mystères, n'atteignant pas leur réalité. Ce qui dépasse la puissance de la raison,

c'est la démonstration par les causes, par le pourquoi, par les éléments intrinsèques et nécessaires,
partant de ce qu'il y a de nécessaire dans la vérité
à démontrer et aboutissant à une conclusion nécessaire au sujet de sa réalité (1).

Telle est la doctrine scolastique, telle qu'on
l'enseigne dans les grands séminaires et les facultés
de théologie. Admettre la doctrine opposée, ce serait
formellement encourir l'anathème prononcé par le
Concile du Vatican ; ce serait être hérétique. Comment donc le P. Laberthonnière ose-t-il écrire et
publier que l'ancienne apologétique attend que la
vérité surnaturelle apparaisse comme une vérité
philosophique ou scientifique et croit que la vérité
révélée découle de la vérité naturelle, comme les
propriétés d'une notion géométrique découlent l'une
de l'autre ?

5. — Après avoir exposé les raisons pour
lesquelles il rejette l'apologétique *intellectualiste*,
notre philosophe expose ses vues personnelles.
Fidèles à notre procédé de discussion, nous allons
le laisser nous les dire lui-même : « Il faut que
l'esprit humain ait prise sur le dogme ; autrement
celui-ci n'aurait aucun sens pour nous. Il est nécessaire que nous puissions relier la vérité révélée à
ce que nous connaissons naturellement. Résoudre
ce problème est l'objet de l'apologétique proprement
dite. Celle-ci se propose donc de rapprocher l'ordre
des vérités surnaturelles et l'ordre des vérités naturelles, c'est-à-dire d'en faire la synthèse ration-

_____

(1) Ch. Didiot. *Logiq. surnatur. subjective*, pp. 343, 353-358.
Voir un exposé très lumineux de la doctrine scolastique sur
la démonstration en théologie.

nelle (1). » Ces réflexions sont justes ; mais les
vérités incontestables qu'elles expriment ne sont
nullement nouvelles. Il n'est pas facile de comprendre pourquoi le R. P. attribue à M. Blondel
l'honneur de les avoir découvertes. « Cet écrivain,
dit-il, a doté l'apologétique de toute la continuité et
de toute la rigueur qu'elle n'avait pas encore
comportées. » L'histoire des sciences religieuses
s'inscrit en faux contre une telle prétention. S'il y a
des mystères, c'est-à-dire des dogmes dont nous
ne connaissons l'existence que par la révélation, et
qui demeurent, après la révélation, obscurs pour
notre faible intelligence, les théologiens ont toujours affirmé et prouvé que, pour mystérieuses
qu'elles soient, ces vérités nous sont en quelque
façon intelligibles ; autrement nous ne pourrions
les distinguer les unes des autres ; la révélation ne
serait qu'un cliquetis de mots (2). Quand Dieu dit
de lui-même : *Ego sum qui sum ;* quand la S. Église
m'oblige de croire sur la parole révélée qu'il y a en
Dieu trois personnes en une seule substance, et
qu'il y a deux natures en Jésus-Christ, je sais ce
que je crois. Je comprends le sens des mots : être,
personne, substance, nature et des idées qu'ils
expriment. Quand Dieu révèle, il se sert « de
notions, de concepts, de termes humains que les
hommes ont obtenus par le jeu de leurs facultés
appliquées au monde extérieur ou au monde intérieur qui est notre âme et notre corps » (3). Oh ! la
science humaine est imparfaite : nous n'avons
pas l'intuition des êtres, des substances, des natures,

(1) *Essais*, p. 155.
(2) Ch. Didiot, *Logiq. surnatur. subject.*, p. 365.
(3) Ch. Didiot, *ibid.*, p. 369.

des personnes créées, pas même de notre propre
personne : à plus forte raison, y a-t-il des obscurités
dans l'expression en langage humain des plus profondes vérités divines. Toutefois, ces expressions
ont un sens pour nous, et notre intelligence a
entre de justes limites, prise sur le dogme.

Avant M. Blondel, dès l'époque des Pères de
de l'Église, il existait une synthèse complète des
vérités naturelles et surnaturelles, et saint Thomas
vint donner à la théologie une perfection que les
contemporains ne dépasseront pas; la *Somme*
possède toute la rigueur possible, on n'y trouve pas
de solution de continuité. Les œuvres du saint
Docteur brillent par une admirable unité de plan;
la philosophie, la théologie, la morale simplement
raisonnable et la morale révélée, unies par une
solidarité très étroite, forment, sans se confondre,
un ensemble très harmonieux et une magnifique
synthèse. Non pas que nous croyions, comme nous
en accuse à tort ie R. P., que les dogmes révélés
découlent, par une nécessité logique, des vérités
philosophiques. Mais la raison qui démontre l'existence et les perfections de Dieu, ainsi que l'existence
de la Révélation, est conduite par ses propres lois à
reconnaître le caractère raisonnable de la foi aux
dogmes, quelque mystérieux qu'ils soient.

Nous savons bien que le néo-apologisme, imbu
des préjugés du scepticisme kantien, refuse à l'intelligence le pouvoir d'arriver au vrai et vante une
autre méthode, sans tomber, croit-il, dans l'erreur
fidéiste. Mais il ne peut, sans une excessive témérité, s'attribuer le privilège exclusif d'avoir donné à
la théologie l'unité et la continuité, puisque la
Somme de saint Thomas est antérieure depuis plus

de six siècles au fameux article de M. Blondel.

6. — Le R. P. ne veut pas de l'apologétique spéculative « qui n'est·qu'une science et comme toute science, est objective, impersonnelle, universelle. La solution complète du problème religieux n'est pas une conséquence de cette science spéculative. Combien d'âmes ont la foi et ne connaissent pas la théologie.

« La solution pratique par la foi est subjective, personnelle, singulière. Croire, c'est croire pour soi; la foi est affaire de volonté. Le problème n'est pas résolu par la dialectique, mais par l'action. Cette action n'est pas seulement nôtre : avoir la foi vive et complète, c'est posséder Dieu. Nous nous donnons à lui, mais il faut pour cela qu'il se donne à nous, et il le fait par la grâce, nécessaire à la foi. Celle-ci nous apparaît non comme la liaison de deux idées, mais comme la rencontre de deux amours. C'est dans l'action vivante que s'accomplit la synthèse du naturel et du surnaturel. Cette synthèse n'est pas la juxtaposition de deux ordres, mais la pénétration de l'un par l'autre. Dieu ne vient pas en nous du dehors, mais du dedans; il est en nous, plus que nous n'y sommes nous-mêmes. La foi est un acte divino-humain. C'est la gloire de M. Blondel d'avoir ramené le problème apologétique au problème du libre arbitre et de la grâce. » (1)

Les puristes pourraient peut-être se plaindre que le R. P. confonde la foi avec la charité, lorsqu'il dit que la foi est la rencontre de deux amours, de l'amour de Dieu pour l'homme et de l'amour de l'homme pour Dieu. Mais cette inexactitude d'ex-

_____

(1) *Essais*, pp. 161-168. Nous avons résu.né aussi clairement, aussi sincèrement que nous avons pu la doctrine du R. P.

pression n'atteint pas la doctrine, le savant auteur
ayant eu soin de distinguer la foi sans les œuvres
et la foi vivante, animée par la charité, qui est seule
complète et pratique.

Ce que nous devons surtout remarquer ici, pour
bien nous rendre compte du néo-apologisme, c'est
le soin qu'il prend de choisir et de circonscrire son
terrain. Ordinairement on entend par apologétique
l'exposition des preuves qui établissent la vérité de
la révélation et la réfutation des objections sou-
levées par les incrédules. On peut joindre comme
préliminaires de ce traité *de Vera Religione*, les
vérités philosophiques sur l'âme et sur Dieu. Ainsi
comprise l'apologétique est objective, ses arguments
viennent du dehors : du spectacle de la création
pour l'existence de Dieu, des faits historiques pour
les miracles et les caractères de l'Eglise. Le néo-
apologisme se place à un point de vue tout différent ; il ne croit plus à la raison, ni à la valeur
du procédé syllogistique ; son ambition n'est pas de
convaincre l'esprit, il veut convertir et saisir la
volonté. Sa méthode est donc subjective, elle
étudie l'action humaine dans l'âme, de là le nom
d'*immanente* qu'elle aime à se donner. Le traité
de Vera Religione, par lequel on commençait
autrefois les études théologiques, est relégué à
l'arrière plan et laisse la place à l'étude de la grâce,
non pas envisagée spéculativement, comme dans
l'ancienne méthode, mais pratiquement, considérée
dans l'âme et dans la volonté qu'elle meut.

Cette désorganisation, ce vrai bouleversement de
la science sacrée, peut et doit subir de fortes critiques et nous sommes loin de l'approuver. Mais il
n'est pas moins vrai que pour combattre la doctrine

nouvelle, il faut aller la chercher sur le terrain où
elle se place et où, selon son point de vue subjectif,
elle doit se placer. Plusieurs de ses contradicteurs
n'ont pas voulu quitter provisoirement leurs
anciennes positions : de là les malentendus et les
luttes stériles. Comment peut-on vaincre des adversaires, quand on ne veut pas les chercher là où ils
sont. Pour nous, sans rien sacrifier de nos convictions personnelles qui sont pour l'excellence de
l'ancienne méthode, sans nous demander si le néo-
apologisme n'est pas un procédé d'apostolat plutôt
que d'apologétique, nous admettons sans plus de
discussion que le problème religieux se ramène au
problème du libre arbitre et à la grâce. Et c'est sur
ce terrain, choisi par nos adversaires, que nous
acceptons la lutte. Nous verrons si les espérances
de ses fondateurs n'étaient pas trop ambitieuses et
si, vraiment, leur système donne à la science sacrée
la continuité et la rigueur dont elle était jusqu'alors
dépourvue.

CHAPITRE V

LE CONCOURS DIVIN & LA GRACE

DANS LEURS RAPPORTS AVEC LA CONSCIENCE PSYCHOLOGIQUE

SOMMAIRE. — 1. Idées principales de l'Immanence. — 2. Genèse
de la foi dans les âmes d'après la théologie traditionnelle ;
— 3. d'après la nouvelle apologétique. — 4. Grande
importance de la question de la grâce. Quelques erreurs
du volontarisme. — 5. Nous n'avons pas conscience du
concours divin ; — 6. ni de la grâce habituelle ; — 7. ni
de la grâce actuelle. Respect de Dieu pour notre autonomie.

1. — Nous allons laisser les fondateurs de la
méthode d'immanence nous exposer eux-mêmes
leur doctrine.

« Le principe de la solidarité de l'ordre naturel et
de l'ordre surnaturel, c'est la grâce qui met Dieu en
nous et nous met en Dieu. C'est donc en nous qu'il
faut chercher cette union entre les deux ordres. Tous
les vrais mystiques chrétiens, saint Augustin, sainte
Thérèse, l'auteur de *l'Imitation,* ont répété sur tous
les tons que c'est en nous que nous trouvons Dieu,
que c'est en nous, par une action immédiate de Dieu
sur nous, que se réalise notre union surnaturelle
avec Lui. Tous constatent en eux, par la méditation
vivante, le désir, l'appétit du divin. Pour eux, c'est

Dieu présent qui agit en eux. N'est-ce pas Dieu qui
agit en nous tous par cette inquiétude, par cet
inassouvissement, par ce besoin d'infini qui nous
empêche partout de trouver le repos, et qui nous
donne du mouvement pour aller plus loin et plus
haut? Si ce n'était pas Dieu, que serait-ce donc ? (1)
— Est-ce que nous ne répétons pas sans cesse qu'il
faut rentrer en soi-même pour y trouver Dieu ? Il
faut donc partir de la réalité vivante que nous
sommes. Dieu agit par la grâce sur le cœur de tout
homme et le pénètre de sa charité ;. l'action qui
constitue notre vie est, en fait, comme informée
surnaturellement par Dieu. Si donc on suit l'expansion et le développement de l'action humaine, on
devra voir apparaître et s'épanouir en elle ce qu'elle
recèle en son fond, — c'est-à-dire Dieu, évidemment.
— Même méconnu, Dieu est toujours là. En toute
vie humaine, sous les attitudes les plus opposées,
n'y a-t-il pas toujours le désir de posséder Dieu, le
désir d'être Dieu ? Ce désir n'est pas naturel ; c'est
Dieu qui l'a mis en nous. Il y a dans la nature des
exigences au surnaturel ; ces exigences n'appartiennent pas à la nature en tant que nature, mais à
la nature en tant que pénétrée et déjà envahie par la
grâce (2). Donc, en faisant la science de l'action
humaine, on devra trouver en elle l'élément surnaturel qui entre dans sa constitution. L'action humaine
postule le surnaturel. Cela ne veut pas dire qu'on
trouve dans l'action la vérité surnaturelle sous sa
forme précise et dogmatique. Cela veut dire que
dans l'action qui, informée par la grâce, postule le

(1) R. P. LABERTHONNIÈRE, *Essais,* pp. 169, 170.
(2) *Ibid.,* pp. 169-172.

surnaturel, on trouve ce qui nous permet de recevoir cette vérité et de lui donner un sens quand elle
est révélée. Lui donner un sens, c'est avoir des
motifs d'y croire en considérant toutes choses à sa
lumière et en résolvant par elle, par cette vérité
révélée, le problème de la vie, qui, sans elle, reste
un mystère angoissant. La Révélation nous apparaît
ainsi comme comblant un vide et comme répondant
à un besoin de notre nature. Quoique venue du
dehors, elle n'est plus une étrangère, parce que du
dedans on va vers elle, et parce qu'en la recevant, on
a un principe organisateur qui y correspond, et par
lequel on peut s'en emparer, se l'assimiler et la
faire sienne. S'il n'y avait pas en nous surnaturellement comme une idée directrice, la vérité révélée
ne pourrait jamais devenir notre vérité, nous ne
pourrions jamais l'introduire dans notre vie, parce
qu'elle ne répondrait plus pour nous à aucun besoin.
— Pour que Dieu soit compris quand il parle, c'est-
à-dire quand il révèle, il faut tout d'abord qu'il parle
au cœur ; le langage de Dieu à la volonté consiste
dans la grâce qu'il nous donne. Et comme la grâce
est intérieure, c'est du dedans et uniquement du
dedans qu'on donne un sens à la vérité révélée » (1).

2. — Pour bien comprendre ce que le R. P.
Laberthonnière veut dire par ces paroles : *donner
un sens à la vérité révélée*, qui, malgré les explications qu'on vient de lire, ne nous paraissent pas
claires, nous allons essayer d'y introduire quelques
rayons de lumière, en proposant un exemple. Les
idées pures, dans des questions aussi délicates, ne
sont pas toujours faciles à saisir : on peut reprocher

(1) *Essais*, pp. 168 à 175.

aux philosophes de l'action, tout ennemis qu'ils
aiment à se déclarer de l'intellectualisme et du
raisonnement, de se complaire un peu trop dans
les abstractions, dans les idées sèches et arides,
parfois si tenues qu'on ne les saisit pas bien.
Rien ne vaut un exemple pour dissiper les obscurités.

Soit le mystère de la Sainte Trinité, ou si l'on
veut, le mystère des deux natures unies en Jésus-
Christ dans l'unité d'une seule personne, c'est-à-
dire, le mystère de l'Incarnation. Partisan déclaré
de la théologie traditionnelle, je crois à ces vérités
révélées, parce que l'Église me les enseigne. Je
crois à l'Église parce qu'elle est infaillible, ayant
été divinement instituée par Notre Seigneur ; je
crois à la divinité de Jésus-Christ, parce que je sais
son histoire : sa vie est divine, sa doctrine est
divine, ses actions sont d'un Dieu. Je crois à la
parole de l'Homme-Dieu, parce que Dieu est infiniment parfait et ne peut se tromper ni nous tromper.
Cette vérité est d'ordre philosophique. L'existence
de Dieu m'apparaît avec l'évidence d'une vérité
très légitimement déduite. Contemplant le monde
et me contemplant moi-même, j'arrive à démontrer
l'existence de Dieu par le principe de causalité. Ce
n'est pas l'évidence immédiate ; je ne vois pas
Dieu, la vision intuitive n'est pas de ce monde.
Mais je sais que Dieu existe, d'une science certaine,
excluant tout doute. Quant à la nature de Dieu et à
ses perfections, je les connais toujours par les créatures, en supprimant absolument leurs imperfections et en ôtant toutes limites à leurs perfections.
Ce raisonnement défie toute critique. Il est fondé
sur la connaissance immédiate et intuitive que j'ai

du monde et de moi-même par mes sens, ma conscience et mon intelligence.

Le R. P. a l'air de croire qu'en raisonnant ainsi
j'abdique mon autonomie, ma personnalité; que ces
vérités sont une hétéronomie qui me diminue et
m'impose une contrainte peu convenable à ma
dignité ; objections bizarres réfutées ailleurs.
Il est faux que ces vérités s'imposent à moi du
dehors et veulent me faire violence. C'est très
librement que je les accepte. Je ne les fais pas, car
je ne suis pas Dieu ; mais je les saisis autant que
je puis les saisir et, par la réflexion, elles deviennent
miennes. Elles ont un sens très beau, très juste,
très vrai et s'harmonisent parfaitement avec ma
nature. Pour quelques-unes de ces vérités, qui sont
de l'ordre naturel, je vois, autant que cela est
possible sur la terre, leurs raisons intrinsèques,
leur dedans ; pour les autres, qui sont de l'ordre
surnaturel, par exemple les mystères de la Sainte-
Trinité et de l'Incarnation, je ne les comprends pas,
elles me dépassent ; mais je sais certainement leur
existence. Si je ne comprends pas les raisons intrinsèques de ces vérités, j'ai cependant d'elles une
science qui n'est pas méprisable. Les mots personne, nature, substance, unité, trinité expriment
des idées que je conçois ; ces idées ont un sens que
j'accepte. Non seulement en acceptant ces vérités
mystérieuses, je ne déroge pas à ma dignité personnelle, mais je l'augmente en accroissant mes connaissances. Je puis défendre la science ainsi acquise
comme mon bien. S'il est vrai que je ne comprenne
pas tout, je puis réfuter, par des motifs rationnels,
les objections des incrédules qui déclarent les
mystères impossibles ; je démontre leur possibilité.

Il y a plus : outre l'argument de possibilité, la
théologie scolastique a de très beaux développements sur les preuves d'analogie et de convenance.
Je trouve dans ma nature des images, des ressem-
blances lointaines, mais vraies toutefois avec la
nature divine. Ainsi la dualité des parties qui com-
posent mon être dans l'unité de ma personne, n'est
pas sans analogie avec le mystère de l'Incarnation.
Il n'y a pas jusqu'au plus impénétrable de tous les
mystères, la Sainte Trinité, où l'esprit humain n'ait
à s'exercer. Saint Thomas voit même, dans les créatures matérielles, des vestiges de ce mystère et,
dans la nature humaine, plus que des vestiges, une
image.

Mais, répliquent les partisans de l'immanence,
cette théologie intellectualiste ne laisse pas de
place à l'action ; la vie y est oubliée. Erreur profonde : la théologie enseigne que toute la Révélation, tous les dogmes depuis la Trinité jusqu'à la
définition de l'infaillibilité du pape, ont pour but,
non pas d'orner l'esprit de belles idées spéculatives,
mais d'élever la volonté et l'âme tout entière à
l'action, à la vie, surnaturelles et divines. La charité
et toutes les vertus infuses sont des principes
divins qui meuvent le libre arbitre et le font agir.
La vie surnaturelle et divine, commencée, sur la
terre, par la grâce dans les âmes fidèles, doit
s'épanouir dans la gloire. L'action ! la vie ! mais
c'est toute la religion ; on l'a toujours proclamé dans
toutes les écoles. Comment donc peut-il se faire que
des catholiques sincères et intelligents s'imaginent
avoir découvert, après deux mille ans de Christianisme, que la religion chrétienne est une vie et
parcourent, comme Archimède, les rues de Syra-

cuse, en criant cette découverte, comme si elle était ignorée des âges antérieurs? Et comment se fait-il que des prêtres se déclarent les très humbles disciples de ces docteurs laïques, bien intentionnés d'ailleurs, mais certainement mieux familiarisés avec la *Raison Pure* de Kant qu'avec la *Somme* de saint Thomas ?

3. — Que mettent-ils donc à la place de la théologie scolastique?

D'après les principes de l'immanence, il est défendu de conclure de l'existence du moi et des autres êtres créés à l'existence du créateur, sous peine de tomber dans l'abîme de l'intellectualisme. Nous ne percevons pas les êtres extérieurs, mais seulement nos représentations subjectives : la conscience ne nous apprend rien sur le moi réel. Les facultés de connaissance ne saisissent que des phénomènes; les prendre pour des réalités est illusion toute pure. Défense donc de se fonder sur ces illusions pour s'élever à Dieu.

D'autre part les preuves par lesquelles est démontrée l'existence de la Révélation sont les faits d'ordre sensible, les miracles et les prophéties ou des faits historiques concernant l'établissement de l'Église et la propagation du Christianisme. Ces faits ne peuvent être plus certains que l'existence du monde extérieur et du moi, et ils ont besoin, pour mettre en valeur leur force probante, d'être reliés entre eux par le raisonnement. Or la nouvelle méthode interdit sévèrement d'accepter cette invasion de l'intellectualisme.

L'originalité du procédé nouveau, dont l'invention est due à M. Blondel et que le R. P. préfère à tous les autres procédés, consiste sinon à éliminer tout à fait, au moins à rejeter à l'arrière-plan le raisonnement et la raison, et à donner la première place à l'action et à la volonté.

D'après les principes de l'immanence, on ne croit pas aux vérités révélées à cause de l'autorité de l'Eglise, autorité dont la légitimité ne peut être prouvée par aucun procédé intellectualiste. L'Eglise est, pour le moi, une étrangère, une hétéronomie. Pour croire, mon premier acte consiste à regarder en moi-même ; mes motifs de croire sont immanents ; je vois en moi une idée directrice, qui me permet d'introduire la vérité révélée dans ma vie ; un principe organisateur qui correspond à la vérité révélée et par lequel cette vérité devient mienne. Ce principe organisateur, cette idée directrice n'est pas d'ordre intellectuel, non pas que l'intelligence n'ait rien à faire dans la série d'actes, par laquelle je me mets en possession de la vérité religieuse. Le R. P. reconnaît avec M. Blondel (1) le droit pour la raison de construire la théologie, c'est-à-dire de dégager tous les aspects du dogme, d'en tirer les conséquences, de montrer l'unité de doctrine, d'en fournir la synthèse organique. Les scolastiques, disent ces écrivains, ont constitué la science sacrée ; leur méthode si rigoureuse a donné, à l'ensemble de la Révélation, le caractère d'une vraie science.

Mais la science ne peut venir qu'*après coup*. Le premier de nos actes qui nous met en rapport avec la vérité révélée ne procède pas de l'intelligence, mais de la volonté.

On voit de suite la différence entre la méthode de l'immanence et la méthode du protestantisme.

(1) *Essais,* pp. 154-155.

Celui-ci rejette l'autorité de l'Eglise, la remplace
par la Bible que l'intelligence de chacun interprète
avec l'inspiration prétendue de l'Esprit Saint.

Par l'immanence, on ne rejette pas l'Eglise, on
admettra plus tard son autorité, mais on ne l'admet
pas encore. Le point de départ vers la foi est un acte
volontaire et libre. Cette doctrine échappe à l'accusation de pélagianisme, car la volonté dont elle parle
n'est pas la volonté purement et simplement
humaine, mais la volonté vivifiée par la grâce divine.

Il est possible que je me trompe, mais il me semble
que j'interprète bien la pensée du P. Laberthonnière ;
je ne quitte pas des yeux les pages que j'analyse ;
et les citations que je viens de faire prouvent que je
n'attribue au savant auteur que ce qu'il affirme
lui-même. Si l'on me montre cependant que je me
suis trompé, je suis prêt à rétracter mon erreur et
à le dire.

4. — Par sa grâce, Dieu est en ma volonté. « *Pour
trouver Dieu, je n'ai qu'à rentrer en moi-même ;
mon acte volontaire et libre est comme informé
surnaturellement par Dieu. En suivant l'expansion
et le développement de mon action, je devrai voir
apparaître et s'épanouir ce qu'elle recèle en son fond.
Même méconnu, Dieu est toujours là. En toute vie
humaine, bon gré mal gré, sous les attitudes les plus
diverses et les plus opposées, n'y a-t-il pas toujours
le désir de posséder Dieu, le désir d'être Dieu ? Ce
désir n'est pas naturel. Si l'homme désire posséder
Dieu, c'est que déjà Dieu s'est donné à lui* » (1).

Rappelons ici les principaux dogmes catholiques
sur la distribution de la grâce : Dieu donne à tous

(1) *Essais*, **v.** p. 171 ; lire attentivement cette page importante.

les justes une grâce vraiment suffisante pour qu'ils puissent accomplir tous les commandements ; Dieu donne à tous les pécheurs qui ne sont pas endurcis les grâces suffisantes par lesquelles ils peuvent éviter de commettre le péché, et se repentir de ceux qu'ils ont commis ; le même don est octroyé même aux pécheurs endurcis et aveuglés ; aux infidèles mêmes, aux païens Dieu accorde une grâce qui suffit à les sauver, s'ils y correspondent. Ces propositions sont de foi : les nier, c'est cesser d'être catholique.

Mais, suit-il de cette doctrine, comme le R. P. le prétend, que Dieu agisse par sa grâce sur le cœur de tout homme et le pénètre de sa charité ? Suit-il de là qu'en toute vie humaine, bon gré mal gré, sous les attitudes les plus diverses et les plus opposées il y ait toujours le désir de posséder Dieu, le désir d'être Dieu ? et que ce désir, c'est Dieu qui le met en nous, parce que déjà il s'est donné à nous ?

Tenir un tel langage, n'est-ce pas confondre la grâce *suffisante* avec la grâce *efficace* et celle-ci avec l'état permanent, l'habitude de la grâce, avec la charité, qui est la justification même ? Qu'est-ce que le désir d'être Dieu, sinon une métaphore oratoire, vraiment excessive ? Les âmes les plus saintes de la terre et les élus du ciel n'ont pas le désir d'être Dieu. Les premières aspirent à posséder Dieu, les autres jouissent de Dieu ; elles ont une connaissance trop claire d'elles-mêmes pour former un dessein aussi parfaitement insensé. N'est-ce pas un dogme que la grâce, même efficace, ne nous ôte pas la liberté, à plus forte raison la grâce suffisante, qui devient inefficace par l'usage ou plutôt par l'abus de la liberté ? Dire que, dans toute âme, sous les attitudes les plus diverses, Dieu est surnaturellement présent et meut surnaturellement la volonté, même indocile : « *même méconnu, Dieu est toujours là ; l'action est, en fait, comme informée surnaturellement par Dieu* »; ces affirmations ne renferment-elles pas les plus grosses erreurs ?

Évidemment notre auteur ne s'est pas rendu compte des conséquence très graves de cette doctrine. Dans une matière qui exige une grande précision de termes, il est servi du style oratoire, il n'a pas donné à ses paroles l'exactitude théologique requise. Aussi nous ne voulons pas insister : nous retenons seulement cette vérité reconnue de tous, que Dieu donne à tout homme une grâce suffisante.

Mais comment l'auteur des *Essais* le sait-il, sinon par la Révélation et l'enseignement de l'Église ? Ce n'est pas en effet une vérité que je saisisse en me regardant par le dedans, en analysant les éléments de ma bonne action, puisque cette vérité est d'ordre général. Il l'admet donc, parce que l'Église l'enseigne. Alors pour construire la méthode de l'immanence, il est obligé de partir d'une donnée fournie par la méthode intellectualiste, ce qui vicie le nouveau système dès sa première origine.

Ici encore je m'abstiens d'insister. Tout ce qu'il convient de retenir pour la discussion présente, c'est que l'action humaine possède un double principe : le libre arbitre de l'homme et la grâce de Dieu ; et qu'en analysant cette action, on trouvera l'élément surnaturel qui entre dans sa constitution. Analysons donc l'action humaine. La question est de savoir si la grâce tombe sous notre expérience, en d'autres termes si nous en avons conscience.

5. — Or la philosophie et la théologie démontrent

que ni le concours divin qui est la motion de Dieu
nécessaire à notre vie naturelle, ni la grâce qui est la
motion de Dieu nécessaire à notre vie surnaturelle,
n'appartiennent à l'ordre des faits d'expérience, et
que la réflexion de l'âme sur soi ne peut la constater. Ces faits, nous les connaissons par l'étude,
par le raisonnement dialectique, nous ne les percevons pas, nous n'en avons pas l'intuition directe
et immédiate.

La méthode déductive et syllogistique nous
amène avec une entière certitude à cette conclusion :
tout ce qu'il y a d'actualité dans l'être, dans l'action
et dans l'effet de toute créature procède de Dieu,
comme de son principe efficient, immédiat, quoique
non unique. Autrement il y aurait des êtres, des
actions, des effets soustraits au souverain domaine
de Dieu, et indépendants de lui. Mais la conscience
est muette sur l'existence de cette coopération
divine. Ceux qui contestent cette vérité doivent
appuyer leur négation sur des faits. Qu'ils nous
montrent donc clairement à quels signes nous
devons reconnaître la motion divine naturelle dans
une action humaine.

Il ne faut pas considérer le concours divin et
l'acte de l'homme, comme si dans l'action humaine,
une part était de Dieu, une autre part de l'homme.
Alors il serait peut-être possible, par une profonde
analyse, de distinguer ces deux éléments et de bien
voir celui qui appartient à Dieu. Toute l'action procède de Dieu, toute l'action procède de l'homme.
Chacun des deux agents est la cause totale de la
totalité de l'effet. De là vient que malgré les efforts
que je fais pour bien et fortement bander mon arc
intellectuel, je ne puis atteindre, en considérant la

totalité de l'action, l'agent divin, sans le concours duquel je ne pourrais agir.

Que nous apprend la conscience ? La conscience ou connaissance directe de nous-mêmes par nous-mêmes, nous apprend que telles affections, telles pensées existent en nous comme faits internes ; mais elle ne nous dit rien sur la nature intime de ces pensées, ni sur leur constitution, leur cause et leur mode, ni sur aucun des éléments que l'analyse déductive constate en elles... En nous avertissant immédiatement et sûrement en nous de nos faits, elle nous les fait percevoir tels qu'ils sont, c'est-à-dire existant dans un sujet, dans le moi ; elle ne nous les montre pas abstraits, séparés du moi. De là vient la légitimité du principe cartésien : je pense, donc je suis. Elle me montre mon existence comme sujet un, permanent, indivisé, n'étant pas un autre, indépendant de mon voisin, principe d'action et vraie personne. Elle me montre l'existence de mon être substantiel, mais non sa nature. Je suis composé de deux parties, mon âme est spirituelle. Comment sais-je ces vérités ? Par le raisonnement déductif, non par la conscience. Celle-ci atteint nos événements internes, tels qu'ils sont concrètement en nous. Elle distingue les uns des autres, les actes de la vision, de l'imagination, de l'appétition ; elle voit aussi l'objet de mon acte, elle sait si je vois un homme ou une pierre, si mon acte est nécessaire ou libre. Mais elle ne connaît rien au-delà.

Nous n'avons pas conscience de Dieu. Sa motion est hors de nos prises, elle est absolument transcendante. Encore une fois, si je saisissais directement l'acte par lequel Dieu coopère à ma plus petite pensée, je verrais l'essence divine, parce qu'en Dieu les actes ne se distinguent pas de l'essence; je comprendrais alors tous les mystères.

Donc, en réfléchissant sur moi, je perçois mon acte, seulement en tant qu'il procède de moi. Tout autre est la conscience divine. En se voyant, Dieu voit tous les êtres et tous leurs actes. Plus tard, quand il se révèlera à moi face à face, dans la vision intuitive que j'espère et que je désire, je verrai Dieu et le concours divin et toutes les vérités. Mais ici-bas Dieu est en moi, je le sais, mais je ne le perçois pas. Ma pauvre intelligence, embarrassée dans un corps matériel, est incapable même de voir directement sa propre immatérialité; comment donc saisirait-el e l'action divine, identique à l'Essence infinie? Dans le monde, Dieu se cache sous le voile des créatures; en moi, il se cache dans mon acte et dans mon être substantiel.

Tel est l'enseignement de la philosophie scolastique sur le concours divin naturel et la connaissance que nous en avons sur cette terre.

6. — Quant à la connaissance du surnaturel en l'homme, voici ce que dit la théologie :

« L'existence du surnaturel, dit M. le chanoine Didiot (1), est de telle sorte qu'elle ne peut être l'objet d'aucune connaissance expérimentale naturelle, d'aucune sensation intérieure ou extérieure, et conséquemment d'aucune connaissance naturelle, inductive ou déductive. Nous connaissons l'existence de l'être surnaturel en général, uniquement par la révélation et la foi. Quant à sa présence en telle ou telle âme, en la nôtre par exemple, nous la connaissons seulement par des conjectures appuyées

(1) *Logiq. surnat. subject.*, p. 10.

sur les principes de la foi et suffisantes d'ailleurs
pour nous donner, de notre état, sous ce rapport,
des certitudes morales nécessaires à la vie chrétienne ».

L'homme, dit le sage (1), ne sait s'il est digne
d'amour ou de haine. Comme la conscience n'a pas
l'intuition du fond de notre nature et ne perçoit pas
la spiritualité de l'âme, ainsi l'état de grâce qui est
le fond de notre vie surnaturelle se dérobe à l'intuition de la conscience.

Malgré leurs héroïques vertus et le témoignage
qu'ils pouvaient se rendre légitimement à eux-mêmes
sur l'innocence et la pureté de leur âme, une multitude de saints tremblaient à la pensée des jugements
de Dieu. Cette crainte eût été impossible, s'ils avaient
eu la vue directe de leur état surnaturel.

Le raisonnement démontre qu'il en doit être ainsi.
La grâce permanente et les vertus infuses ou puissances spirituelles qui l'accompagnent ne sont pas
matérielles ni sensibles et n'apparaissent pas distinctement par leurs effets. Le surnaturel descend dans
l'âme pour la diviniser accidentellement, pour la
doter de qualités et de principes d'action surnaturels, et faire remonter ainsi la personne humaine
jusqu'à une image, une ressemblance aussi parfaite
que cela est possible à une créature, avec la nature
divine qui est insensible et immatérielle. Cette
sanctification est exclusivement spirituelle, elle
produit des résultats exclusivement spirituels. Rien
ne peut la déceler aux regards de la conscience
dans les opérations humaines. On peut légitimement conclure son existence, en voyant les actes

(1) Eccl., IX, 15.

des héros de la sainteté ; le spectacle de la charité
d'un saint Vincent de Paul ou d'un Père Damien
nous fait conclure que ces actions d'une beauté
surhumaine procèdent d'un principe de vie supérieure à la nature. Toutefois ce n'est pas là une
connaissance directe, mais la conclusion d'un raisonnement déductif. S'il en est ainsi des âmes les
plus parfaites et les plus saintes, si, bien qu'il soit
évident pour nous qu'elles possèdent la grâce habituelle, principe de cette vie, elles-mêmes n'ont pas
cette certitude et sont même tourmentées par la
crainte de ne la posséder pas ; à combien plus forte
raison le doute est-il nécessaire chez les chrétiens
moins parfaits ! A plus forte raison, les incrédules,
qui ont le plus besoin d'apologétique, ne peuvent-ils
pas s'appuyer sur cette base de la possession de
l'état de grâce, pour s'élever à la connaissance de la
vérité révélée, parce qu'ils ne la possèdent certainement pas.

7. — Quant à la grâce actuelle que Dieu ne refuse
à aucune bonne volonté, qu'il accorde même à ceux
qui ont vécu jusqu'alors dans l'impiété positive,
l'apostasie et l'esclavage de tous les vices, est-il
possible de saisir directement, par la vue immédiate de la conscience, sa présence dans l'âme
qui veut se convertir ? Évidemment non. Qu'on se
rappelle tout ce qui a été dit précédemment contre
la possibilité de constater expérimentalement, dans
l'action humaine naturelle, la présence du concours
divin, sans laquelle cette action serait impossible.
Toute cette argumentation a la même valeur, sinon
une valeur plus grande, quand il s'agit de l'action
divine surnaturelle. Celle-ci est encore plus mystérieuse. C'est un dogme que la grâce ne détruit pas

la liberté, mais la laisse pleine et entière. La volonté
est cause de la totalité de l'action, comme la grâce
est cause de la totalité de l'action. Je ne connais pas
celle-ci comme procédant de deux principes, faciles
à distinguer dans l'effet. L'effet, c'est-à-dire l'action,
forme un tout indivisible. Les motifs qui me déter-
minent sortent de mon intelligence; je les ai faits
miens par la réflexion. Ils ne portent pas, visible à
ma conscience, la marque du caractère divin. Rien
n'est plus doux, plus discret que la motion surnaturelle exercée par Dieu sur mon intelligence pour lui
donner plus de lumière, sur ma volonté pour lui
donner une force efficace. Le mouvement divin se
fusionne si bien avec mes puissances naturelles que
la vue directe de ma conscience sur mon acte ne
me montre pas le secours divin. Dieu professe un
respect souverain pour l'autonomie de la personne
humaine et la Sainte Écriture dépeint ce respect par
cette expressive comparaison. « Je me tiens, dit le
Seigneur, à la porte de l'âme et je frappe ». Suave-
ment, discrètement, avec une délicatesse infinie,
Dieu, quoique pénétrant notre nature jusqu'à ses
plus intimes profondeurs, a l'air de se tenir à la
porte; il ne se contente pas d'offrir son secours, il le
donne, mais sans imposer de contrainte. Je suis libre
de l'accepter; souvent, hélas! je le refuse; mais si
je l'accepte, le Donateur s'efface et le don lui-même
que je possède et dont je jouis me paraît venir de
moi seul. En regardant en moi, je ne vois que moi,
il me semble que tout mon acte procède de ma
volonté. Plus je l'étudie, plus je le considère attentivement, et plus je me persuade que j'en suis
l'auteur et que le mérite n'en revient qu'à moi. O
suavité! ô délicatesse adorable de l'amour infini!

Dieu se cache ainsi, pour que nous ayons le mérite, le droit à la récompense !

Je sais bien qu'en certaines circonstances exceptionnelles la grâce intérieure est accompagnée de manifestations externes faciles à constater. Paul est terrassé sur le chemin de Damas : saint Augustin entend distinctement une voix lui dire : « Prends ce livre et lis ». Mais ce sont des miracles très rares, et l'ordre surnaturel est, comme tout ordre, régulier. Presque jamais l'incrédule et le pécheur qui acceptent avec bonne volonté la grâce surnaturelle ne la constatent dans leur action. La volonté bonne paraît au regard de la conscience et non pas la grâce. Ce qui détermine la conversion c'est un événement naturel, une maladie, un deuil, une déception, le dévouement d'un ami, une lecture, moins que cela, un fait insignifiant et imperceptible, un petit souvenir, une petite pensée. Cent fois dans le passé, ces faits n'avaient produit aucune impression sur l'intelligence; mais maintenant elle regarde, elle considère, elle contemple. La volonté indifférente jusqu'alors et souvent rebelle agit à son tour et assure le triomphe. Elle n'a pas senti une motion étrangère, elle se paraît s'être donnée à elle-même le mouvement. J'ai beau chercher, je ne trouve pas, malgré l'affirmation du P. Laberthonnière, l'élément divin qui entre dans la constitution de l'acte surnaturellement bon. Cet élément existe, je le sais, mais uniquement par le raisonnement intellectualiste, basé sur la Révélation. Mais s'appuyer sur la Révélation pour aller à la Révélation, c'est un cercle auquel il ne manque rien pour être parfaitement vicieux.

Oh ! je sais bien que le savant auteur des *Essais*

ne commet pas cette énorme faute de logique, qui
suffirait à elle seule pour discréditer à tout jamais
une méthode savamment combinée comme celle de
l'immanence. Et j'entends notre philosophe me
répéter (1) : « *N'est-ce pas Dieu qui agit en nous tous
par cette inquiétude, par cet inassouvissement, par
ce besoin d'infini qui nous empêche partout de trouver
le repos, et qui nous donne toujours du mouvement
pour aller plus loin et plus haut ? Si ce n'était Dieu,
que serait-ce donc en effet ?* »

Ainsi notre philosophe a trouvé l'élément surnaturel que nous cherchions : c'est une inquiétude,
un inassouvissement, un besoin d'infini.

(1) *Essais*, p. 170.

CHAPITRE VI

—

FAILLITE DE L'IMMANENCE

—

SOMMAIRE. — 1. Le volontarisme prétend que l'élément divin
de nos actes surnaturels consiste dans nos aspirations
vers l'infini. Grosse erreur. — 2. Impossibilité de faire
sortir tous les dogmes d'une tendance subjective. —
3. Faillite de l'Immanence : elle est obligée de recourir
à la théologie scolastique pour sortir de l'impasse. —
4. Elle se fait l'illusion de croire qu'elle a inventé l'argument de convenance, connu de tout temps dans toutes
les écoles théologiques.

1. — Étudions de près la nature de cette inquiétude, de cet inassouvissement, de ce besoin d'infini,
dont le néo-apologisme fait sa base d'opérations.
Nous ne pouvons constater dans ces tendances
subjectives l'action immédiate surnaturelle de Dieu
sur nous. Le R. P. lui-même l'avoue implicitement.
Pour aller à Dieu par cette voie, il est obligé de
faire un syllogisme, il remonte de l'effet à la cause.

La présence de Dieu est conclue, non sentie. Et
l'intellectualisme vient se placer dans le premier acte
de l'immanence. Avec raison d'ailleurs ; autrement
notre philosophie avouerait implicitement que Dieu,
l'intelligence et la puissance infinies, voulant exercer sur l'âme une motion surnaturelle et efficace, ne
peut produire rien de clair et de fort, mais seulement
un malaise obscur et une vague inquiétude.

Je dis, en second lieu, que cet élément prétendu divin de l'action humaine n'est pas surnaturel. Le R. P. lui-même l'avoue encore clairement. Dans les *Éclaircissements sur le dogmatisme moral*, dissertation purement philosophique, qui a pour objet la connaissance naturelle de Dieu, qu'il s'agit d'extraire subjectivement de l'âme seule, il dit textuellement ceci : « *Avant de pouvoir nommer Dieu, nous le pressentons dans l'infini de nos aspirations, dans le mécontentement incessant de ce que nous avons, de ce que nous faisons, dans le sentiment de l'insuffisance de tout* (1) ». Tels sont les caractères, au jugement de notre auteur, par lesquels Dieu révèle sa présence dans le concours naturel. Or je demande à tout lecteur attentif : Quelle différence y a-t-il entre les marques du secours surnaturel, citées plus haut: inquiétude, inassouvissement, besoin d'infini — de la page 170 — et les marques du concours naturel divin — de la page 135 — et qui sont des aspirations vers l'infini, un mécontentement incessant, le sentiment de l'insuffisance de tout? Pour moi, je ne vois nulle différence. Malgré les efforts de son talent, le R. P. ne peut pas distinguer, dans l'action humaine, l'élément naturel et l'élément surnaturel. Par conséquent, il est impossible que l'on parle légitimement de la motion divine de la grâce sur l'âme pour construire une apologétique. Autrement on confond les deux ordres et l'on tombe dans le naturalisme.

Mais alors, demande notre philosophe, *si ce n'est pas Dieu qui agit en nous tous par cette inquiétude, que serait-ce donc ?* Nous l'avons déjà dit et si nous le répétons brièvement ce n'est pas nous qui

(1) *Essais*, p. 135.

sommes responsable de ces répétitions. Ce malaise
de l'âme est un fait d'expérience, dûment constaté.
Notre âme veut le bonheur; elle l'a cherché dans
les honneurs, les richesses et les plaisirs et n'en est
pas plus heureuse. Sa tendance n'est pas satisfaite;
de là ses plaintes, son sentiment de l'insuffisance
de tout et la conscience de l'inassouvissement de
ses désirs. Je ne remarque dans ces douloureux
phénomènes rien que de très naturel. Et c'est un
principe admis par les philosophes et les théologiens
de toutes les écoles, qu'on ne doit pas attribuer à
l'action immédiate de Dieu un effet que l'action des
causes secondes explique parfaitement. Quant à ce
besoin d'infini, encore allégué, il n'a pas en soi Dieu
pour objet, à moins que l'intelligence ne le lui
donne en se servant de la connaissance réflexe et
déductive; ce besoin de l'infini a pour objet l'indéfini, l'indéterminé; il indique que quelque chose
manque à celui qui l'éprouve, rien de plus. Sans
pensée rationnelle, ce besoin n'appartient pas à la
volonté, mais à l'ordre des facultés sensibles, et l'on
ne peut rien construire dessus, sous peine d'adhérer
au sentimentalisme.

Après cette discussion, il ne me semble pas témé-
raire de dire que la conclusion, qui nécessairement
s'impose, est celle-ci : Nous ne pouvons constater
expérimentalement l'élément surnaturellement divin
de la grâce dans l'action de la bonne volonté
humaine; nous ne savons l'existence de cet élément
divin que par une déduction théologique. Par conséquent il nous est absolument impossible de partir
de là pour nous élever à la connaissance de la
vérité révélée. Et comme, entre la théologie objective et traditionnelle, d'une part, et la théologie

nouvelle et subjective, d'autre part, le point principal du débat, le centre de toute la discussion est là, l'apologétique de l'immanence est condamnée; elle porte au cœur une blessure mortelle.

2. — Quand même nous concéderions — ce que nous nous gardons bien de faire — que l'élément surnaturel de la grâce est visible dans l'action humaine, la position du néo-apologisme ne serait guère meilleure.

Cette erreur — et nous croyons avoir le droit maintenant de lui donner ce nom — est en quête d'un principe organisateur, d'une idée directrice qui nous conduise à la vérité révélée. Ce principe, cette idée ne doivent pas être d'ordre intellectuel ; la raison est reléguée à l'arrière-plan, son œuvre est flétrie sous le nom d'intellectualisme. Les novateurs déclarent avoir trouvé ce fil conducteur, si précieux, dans le besoin d'infini, dans le vide de l'âme, dans le mécontentement et le désenchantement de tout, dans la souffrance que nous fait éprouver le néant des créatures.

Il est certain que les dogmes chrétiens sur la destinée de l'homme, sur le bonheur infini et éternel qui l'attend, peuvent seuls apporter une satisfaction complète à notre désir d'être heureux et donnent seuls une solution définitive à toutes les questions que l'on se pose sur le problème de la vie présente. Qu'un prêtre, qui a vieilli dans la pratique des vertus sacerdotales, qu'un simple chrétien, de vertus solides et de ferme croyance, trouvent de puissants motifs d'adhérer de plus en plus fort aux vérités de notre sainte religion dans les dogmes sur la vie future, qui s'harmonisent si bien avec nos aspira-

tions au bonheur parfait, cela est facile à comprendre
et très naturel.

Mais là n'est pas la question : l'apologétique ne
s'adresse pas aux âmes convaincues et croyantes.
Ceux qu'elle veut atteindre, ce sont les incrédules.
Soit, par exemple, un panthéiste, un libre-penseur
fieffé, un idéaliste kantien, un sceptique qui n'admet
pas la véracité de la connaissance sensible et de la
connaissance intellectuelle.

D'après les principes de l'immanence, pour amener
à la vérité cet incrédule, je n'ai pas d'autre moyen
que de lui faire constater d'abord l'existence de ces
aspirations à l'infini, de ce mécontentement, de ce
vide qui est en lui. Si cet homme est doué d'une
puissante intelligence et d'une volonté forte, ne se
nourrissant pas d'idées indécises et d'images sentimentales, je doute que je puisse réussir à lui montrer
en lui-même un malaise et des tendances vers
l'infini. Et s'il veut bien me faire cette concession,
je me demande comment il me sera possible de lui
faire admettre, sans recourir à l'autorité de l'Église
ni de Dieu révélateur, sans développer les preuves
de la divinité de Jésus-Christ, de lui faire admettre,
je ne dis pas la possibilité, mais la réalité du
bonheur éternel. Et si ce miracle se produit contre
mon attente, je me demande avec une vive anxiété
comment, de cette foi au dogme du ciel, je pourrai
faire sortir dans l'âme de cet incrédule, la foi à la
sainte Trinité, à l'Incarnation, à la Rédemption, à
tous les mystères, à tous les dogmes sur l'Église,
les Sacrements, la grâce. Quelle est l'exigence
pratique du cœur qui l'amènera à croire toutes les
vérités catholiques ?

Pour éviter l'accusation de naturalisme, on me

dit : *l'action qui postule le surnaturel est informée par la grâce* (1) ; et on veut faire voir dans une vague inquiétude et une vague aspiration la réalité de l'élément divin de l'action humaine. Je crois avoir démontré clairement l'erreur de notre philosophe sur ce point. Mais que les amis de l'immanence, au lieu de se contenter de raisonnements abstraits dans l'exposition de leur méthode, descendent de ces hauteurs et nous disent avec précision quels dogmes découlent de leur fameuse idée directrice et de leur principe organisateur.

3. — Le R. P. se rend parfaitement compte de l'impossibilité d'accomplir cette tâche. Il l'avoue et explique ainsi comment l'action humaine postule le surnaturel : « *Cela ne veut pas dire qu'on trouve dans l'action la vérité surnaturelle sons sa forme précise et dogmatique. Cela veut dire que dans l'action on trouve ce qui nous permet de recevoir cette vérité quand elle est révélée* ».

Il y a quelques années un illustre écrivain démontrait éloquemment que la science orgueilleuse et impie avait failli à toutes ses promesses. Les deux petites phrases que nous venons de citer sont une vraie déclaration de faillite par l'apologétique de l'immanence. On n'a pas oublié ses belles promesses : Tous les philosophes et les théologiens se sont trompés jusqu'à présent ; tout allait à l'aventure, l'apologétique cherchait un point d'appui et n'en trouvait pas. M. Blondel vint, et le premier dans l'Église « *dota l'apologétique de toute la continuité et de toute la rigueur qu'elle n'avait pas encore comportée* ». Le P. Laberthonnière est un disciple

_____

(1) *Essais*, p. 173.

enthousiaste de la méthode nouvelle. Désormais, dit-il, grâce à l'immanence, la science religieuse a un principe organisateur et une idée directrice.

Voilà les promesses. L'impossibilité de leur exécution brille dans cet aveu : on ne trouve pas dans l'action la vérité surnaturelle sous la forme précise et dogmatique. L'auteur des *Essais* aurait dû dire : on ne la trouve sous aucune forme. Qu'est-ce en effet qu'une vérité, proposée à notre croyance, et qui manque de précision, qu'on ne distingue pas des autres et qui n'est pas un dogme? Qu'est-ce, sinon un non-être? Mais l'aveu, nécessaire sous peine ne s'effondrer dans un parfait rationalisme, est précieux à enregistrer : *on ne trouve pas dans l'action la vérité surnaturelle*. C'est évident; tous les dogmes et tous les mystères ne sont pas du tout contenus dans les aspirations à l'infini, ni dans un malaise ou un vide douloureux. Mais alors, où est donc la rigueur scientifique que l'immanence devait apporter à la théologie? qu'est devenue la continuité promise et dont était dépourvue la *Somme* de saint Thomas? A quoi servent le principe organisateur et l'idée directrice tant vantés? Comment! la jeune méthode ne peut faire un pas toute seule? Elle se montre avec toutes les audaces et les présomptions de la jeunesse, elle condamne les méthodes usitées dans toutes les écoles de théologie et flétrit du nom d'intellectualisme la science sacrée, enseignée partout. Le problème religieux doit être résolu par le procédé subjectif; là se trouvera le principe directeur et organisateur toujours méconnu.

Et quand cette méthode de l'action cherche à se développer, elle est obligée de reconnaitre que l'action ne contient pas la vérité surnaturelle, qu'elle se

borne à la recevoir, et que cette vérité doit d'abord
être révélée. Et comment l'apologiste de l'immanence saura-t-il l'existence et le contenu de cette
Révélation, sinon par l'ancien procédé, par les
preuves traditionnelles et scolastiques allant des
miracles, des prophéties et des notes de l'Église
jusqu'à l'acceptation de la démonstration instituée
par les scolastiques pour les vérités de l'ordre
naturel? Ainsi l'immanence, dès le début de sa
carrière, est obligée d'emprunter le secours étranger
de l'apologétique scolastique, et fait éclater à tous
les regards une lacune qu'elle ne peut combler
seule.

4. — Mais, dit ici le R. P., si nous avouons que
la Révélation nous vient du dehors, du moins,
grâce à l'immanence, « *elle n'est plus une étrangère,*
parce que du dedans on va vers elle; elle nous
apparaît comme comblant un vide, comme répon-
dant à un besoin de notre nature. En la recevant,
on a en soi un principe organisateur qui y corres-
pond et par lequel on peut s'en emparer et la faire
sienne (1). »

Ces réflexions sont vraies, à condition toutefois
qu'on en précise le sens, en spécifiant bien que
l'obligation de croire résulte uniquement de l'autorité de Dieu révélateur et de l'autorité de l'Eglise
divinement instituée pour interpréter la révélation
et nullement de la satisfaction de nos tendances
subjectives par les vérités révélées. Si ce système
faisait dépendre la légitime acceptation des dogmes
des dispositions de l'âme croyante, il ne différerait
pas essentiellement du protestantisme libéral où

(1) *Essais*, p. 173.

tout est livré à l'appréciation du fidèle éclairée par
la prétendue inspiration de l'Esprit Saint, et les
dogmes tomberaient les uns après les autres comme
les feuilles mortes, et il ne resterait plus rien dans
l'âme, sinon la vague religiosité du sentimentalisme
hérétique. Mais, pour un catholique, l'harmonie
entre nos aspirations et les dogmes ne constitue
pas le moyen d'acquérir; elle est seulement une
raison pour s'affermir dans la foi précédemment
acquise.

Ainsi restreint à ses justes proportions, ce subjectivisme légitime n'est pas nouveau dans la science
sacrée et dans l'apologétique. Le néo-apologisme
vante comme une découverte faite par lui *les prédé-
terminations et préharmonies subjectives, les coïncidences vitales* de l'âme avec le surnaturel ; ces
expressions sont peut-être nouvelles ; mais les
choses qu'elles signifient sont aussi anciennes que
la théologie et la prédication. Les Pères les ont
connues ; les scolastiques ne les ont pas ignorées ;
on les a toujours enseignées dans les écoles. Elles
constituent les arguments d'analogie, de raison et
de convenance, destinés à montrer l'adaptation des
dogmes avec notre nature.

Ce n'est pas la philosophie et la théologie scolastiques qui ont établi le divorce entre la raison spéculative et la raison pratique, entre le dogme et la
morale, entre l'intelligence et la volonté. Les spéculations abstraites, isolées de la vie et de la vérité
religieuses, ont produit le grand Tout de Pythagore,
l'éther de Zénon, le principe humide de Thalès, la
substance de Spinoza, l'X de Kant, l'inconnaissable
des Positivistes, le perpétuel devenir des Panthéistes;
conceptions bizarres de la raison pure, se séparant

de la réalité et de la vie, s'appliquant toujours plus à creuser l'abîme entre la pensée et la nature humaine, ne s'inquiétant pas d'harmoniser ses rêves avec les tendances du cœur vivant et se perdant dans le labyrinthe de ses conceptions contradictoires.

Le but de la Révélation n'est pas de meubler l'esprit de vérités nouvelles et étonnantes, mais d'atteindre l'âme tout entière, de l'élever au-dessus des passions inférieures et de la porter sur les hauteurs de la vie divine. Elle s'adapte avec une harmonie parfaite à nos plus nobles aspirations et à nos tendances supérieures. Et ce point de vue a toujours été mis dans une pleine lumière par l'enseignement traditionnel de la théologie scolastique. Remarquant dans l'unité substantielle de l'âme des actes multiples et divers, la pensée, le verbe, l'amour; les puissances qui produisent ces actes, lui paraissent des images lointaines de la Trinité Sainte. Le mystère de la Croix lui explique la bassesse et la grandeur de l'homme. Sans l'Incarnation, l'homme pécheur tremblerait toujours, à cause de ses fautes, devant Dieu. L'Incarnation, comblant l'abîme qui le sépare de Dieu, rend à l'homme la confiance qui est un besoin de son cœur. Et l'amour de Notre Seigneur, quel élan il donne à notre besoin d'aimer Dieu, et quelle facilité il nous procure pour resserrer les liens qui nous unissent avec l'humanité entière! La grâce, dit M. le chanoine Didiot, n'est pas une substance, un être indépendant et autonome, mais un être accidentel, soutenu dans l'existence par les substances naturelles auxquelles Dieu l'a ajoutée; elle est parfaitement adaptée, proportionnée, accommodée à l'ordre naturel. Et l'Église, où l'autorité et la paternité s'unissent d'une manière

si conforme aux besoins de nos âmes ! et la distribution de la grâce par les sacrements, dont chacun
confère un secours naturel spécial, conforme à l'âge,
aux conditions où l'on se trouve, au besoin qu'on
ressent ! Il n'y a pas un dogme, pas une loi morale
où la théologie ne constate cette harmonie, cette
proportion, entre l'ordre surnaturel et l'ordre naturel
humain !

Tous les prêtres de France ont étudié autrefois
cette belle doctrine; et il n'y a pas un grand sémi-
naire, pas une faculté de théologie, pas une école
catéchétique supérieure où elle ne soit enseignée ;
tous les théologiens scolastiques lui consacrent des
développements plus ou moins riches, mais sem-
blables dans le fond. Elle n'a donc pas été découverte par le néo-apologisme.

Bien plus, cette doctrine résulte des principes les
plus profonds de la philosophie et de la théologie
scolastiques. Comment détermine-t-on, en théodicée,
les attributs de Dieu? en élevant à l'infini les perfections des créatures et surtout de la nature humaine.
L'idée des attributs moraux de Dieu a été puisée
uniquement dans la contemplation de notre âme;
nous reconnaissons en Dieu, comme en nous, quoi-
qu'à un degré infini, l'intelligence, la sagesse, la
beauté, le bien, la volonté, l'amour, tous les éléments
de la vie. De là résultent nécessairement des coïncidences vitales, de nécessaires harmonies entre
Dieu et nous. La même nécessité s'impose quand il
s'agit des vérités surnaturelles ; Dieu s'est servi du
langage humain pour nous les apprendre, et
l'homme forme ses idées et ses mots, par abstraction,
d'après la connaissance qu'il a puisée en étudiant
les créatures et en s'étudiant lui-même. Par consé-

quent, les dogmes revêtus de notre langage s'adaptent
à nos idées, à nos sentiments, à nos besoins. Ces
vérités ont toujours été reconnues bien des siècles
avant 1896, année où naquit le néo-apologisme.

En résumé, ce système possède en propre une
théorie dangereuse sur la perception, par la conscience, de l'élément divin qui entre dans une action,
surnaturellement bonne. Nous avons signalé dans
la doctrine du P. Laberthonnière sur la grâce des
idées dangereuses, dont la réfutation complète
appartient aux théologiens de profession. Certaines
de ses tendances le font toucher tour à tour à des
erreurs évidentes : l'ontologisme, le sentimentalisme, le fidéisme. Non pas que nous croyions que
notre philosophe admette ces doctrines erronées,
il s'en défend plus d'une fois, et nous avons la plus
entière confiance dans la droiture de ses intentions.
Mais que d'assertions téméraires et qui pourraient
être interprétées dans un mauvais sens !

Enfin, les vérités que le néo-apologisme met en
lumière, ne lui appartiennent pas en propre : elles
font partie de l'enseignement traditionnel. En ne le
reconnaissant pas, en accusant faussement cet
enseignement d'erreurs énormes, le néo-apologisme
commet une double faute : une imprudence et une
ingratitude.

CHAPITRE VII

IMPORTANCE TRADITIONNELLE DE LA MÉTHODE DE L'ACTION

SOMMAIRE. — 1. Considérée au point de vue ascétique et
mystique, la méthode d'immanence est partiellement
vraie. — 2. Cette vérité n'a jamais été méconnue par
l'ancienne apologétique, ni par l'apostolat. — 3. Le Curé
d'Ars et l'incrédule raisonneur; crise de la foi en saint
Vincent de Paul. — 4. Démonstration rationnelle et scolastique de la nécessité de la bonne volonté dans l'acquisition
de la vérité religieuse. — 5. Ollé-Laprune et le progrès
légitime dont il traça la voie. — 6. Au lieu de suivre cette
voie, le volontarisme commence par adhérer au criticisme
kantien et par combattre la théologie traditionnelle. —
7. L'exemple des mystiques ne prouve rien du tout en
faveur de l'immanence.

1. — La méthode d'immanence, telle qu'elle est
exposée dans le *Problème religieux* par le P. Laberthonnière, ne résiste pas aux arguments d'une
critique sérieuse; comme, d'ailleurs, le volontarisme
du *Dogmatisme moral* et des *Éclaircissements*
succombe sous de multiples objections qui sont
pour lui insolubles. Est-ce à dire que le travail
intellectuel considérable, déployé par l'auteur de ces
savantes dissertations et par M. Blondel, le créateur
de la nouvelle apologétique, doive rester sans
influence légitime sur le mouvement progressif de
la science sacrée? Loin de nous la pensée d'une telle

injustice. Les opinions fausses, à la défense desquelles concourent des intentions si pures et une telle élévation d'âme — et nous reconnaissons de grand cœur ces qualités dans les écrivains que nous combattons — contiennent certainement une part de vérité; elles ne sont même que l'exagération d'une vérité admise par tous les théologiens et les philosophes.

En considérant le volontarisme au point de vue mystique, nous avons eu l'occasion de signaler des conseils excellents qui produiraient sur tous les esprits sincères les plus heureux résultats. Si nous nous plaçons au même point de vue pour apprécier la méthode d'immanence, nous ne tarderons pas à nous convaincre qu'elle mérite la même approbation et qu'on doit lui décerner les mêmes éloges.

Rien n'est plus vrai que la nécessité de la bonne volonté dans les âmes qui cherchent la vérité religieuse; rien n'est plus indispensable que l'obligation de prendre en face de Dieu une humble attitude. Et les réflexions suivantes que le R. P. a disséminées dans son étude sont d'une évidente justesse : « Si nous (1) recevons la grâce, nous ne recevons pas la foi, c'est-à-dire l'adhésion réfléchie et voulue à la vérité, parce que la foi ainsi entendue est un acte, acte dans lequel nous coopérons à l'action de Dieu pour faire nôtre la vérité qu'il nous révèle. Il ne suffit pas que Dieu nous parle intérieurement, il faut qu'intérieurement nous écoutions sa voix... Ce qu'on pense et ce qu'on croit n'est jamais indépendant de ce qu'on est et de ce qu'on fait... Sous toute doctrine il y a une attitude morale... Croire est autre

_____

(1) *Essais,* p. 175 et suiv.

chose que connaître... Pour croire il faut ouvrir les
yeux, c'est-à-dire être homme de bonne volonté. La
bonne volonté n'est pas la science, c'est l'attitude
humble prise intérieurement en face de Dieu, c'est
le consentement donné au désir de lui qu'il met en
nous, c'est l'attente du don divin qui doit combler
notre insuffisance. La bonne volonté consiste essentiellement à ne pas vouloir se suffire à soi-même.
Sans la bonne volonté, ni révélation, ni miracles, ni
raisonnement d'aucune sorte ne produiront la
lumière dans l'esprit et n'amèneront à la foi expli-
cite... Ne pas avoir la bonne volonté, c'est prétendre
qu'on n'a pas besoin de la vérité et qu'on se suffit
à soi-même ».

Il convient de dire en ce sens que la solution
spéculative (1) de la question religieuse dépend pour
chaque âme de la solution pratique, et que la vérité
ne vient pas en nous, sans nous. On doit toutefois faire ici une distinction importante. La vie
surnaturelle plénière, c'est-à-dire la possession de
l'état de grâce par la charité, est incompatible avec
une volonté indocile et rebelle, qui ne veut pas se
soumettre à Dieu et se révolte contre ses lois ; mais
la foi vraiment surnaturelle peut exister dans une
âme d'où le péché a chassé la grâce habituelle et
permanente : foi morte, sans doute, mais cependant
existant encore comme adhésion à la vérité révélée,
fondée sur l'autorité de Dieu révélateur.

Combien de chrétiens tombent dans le péché et
vivent longtemps dans cet état, et cependant ont
toujours la foi et ne sont nullement coupables
d'hypocrisie ! Combien constatent leur insuffisance

(1) *Essais*, p. 179.

avec une humilité sincère, se reconnaissent coupables devant Dieu, avouent dans le fond de leur cœur leurs faiblesses et leurs misères, et cependant défendent avec une conviction non feinte, contre les attaques de l'incrédulité, les dogmes catholiques !

Le R. P. n'a pas assez souvent présente à l'esprit cette distinction nécessaire entre la foi et la charité. Il a voulu, dit-il, marquer aussi fortement que possible le rôle de la volonté : mais souvent il dépasse les limites. Le pécheur croyant n'est pas un mythe, je parle de celui qui ne veut pas rompre avec des habitudes vicieuses ; la volonté de persévérer dans une vie coupable coexistant en lui avec la détermination volontaire et libre de croire toutes les vérités révélées.

Il est vrai que cet état de lutte entre deux volitions contradictoires se termine souvent par la défaite de la foi ; on cherche et on ne tarde pas à trouver des prétextes intellectuels, des objections qui justifient la mauvaise conduite. On retrouvera la foi perdue, quand on voudra renoncer à ses vices, quand on aura une volonté vraiment bonne.

« Ce furent (1), je le dis franchement, la crise de l'adolescence et la honte de certains aveux, qui me firent renoncer à mes habitudes de piété. Bien des hommes qui sont dans ce cas conviendraient, s'ils étaient sincères, que ce qui les éloigna d'abord de la religion, ce fut la règle sévère qu'elle impose à tous au point de vue des sens et qu'ils n'ont demandé que plus tard à la raison et à la science des arguments métaphysiques qui leur permettent de ne plus se gêner... Tout le mal vient de cette première faute

_____

(1) François Coppée. _La Bonne souffrance;_ Préface, pp. 5 et 6.

contre l'humilité, qui m'apparaît décidément comme la plus nécessaire de toutes les vertus. »

Si le R. P. s'était borné à constater cette vérité connue de tous et dans tous les temps, et à la faire resplendir dans une lumière plus éclatante, s'il n'avait pas voulu faire d'un procédé ascétique ou mystique une méthode de métaphysique et de philosophie, s'il n'avait pas confondu l'apologétique avec l'apostolat, ses écrits ne susciteraient aucune légitime contradiction.

2. — Nul n'a jamais nié, les théologiens scolastiques moins que les autres, que le plus court chemin et le plus sûr pour conserver et développer la foi et de la reconquérir, quand on l'a perdue, est d'en faire les œuvres et de vivre conformément aux lois de la religion. C'est la parole éternellement vraie du Maître : « Celui qui fait la vérité vient à la lumière » (1). Les prédicateurs, qui ne sont pas seulement des hommes diserts, mais dans l'âme desquels bat un cœur d'apôtre, connaissent bien cette voie qui aboutit à la conversion et l'ont toujours suivie dans leurs rapports avec les incrédules qui sont, avant tout, des pécheurs.

Le P. de Ravignan, que Grégoire XVI appelait l'apôtre de Paris, employait ce procédé qui remonte aux premiers apôtres, contemporains de Jésus-Christ, pour ramener à la foi ceux qui se disaient tourmentés par le doute. L'illustre jésuite écrivait au Général de la Compagnie, après les conférences de 1841 : « Un bon nombre venaient me proposer des questions et je leur disais : Tenez ! croyez-moi, il y a un moyen d'être tout à fait éclairé ; mettez-

_____
(1) S. Jean, X., 21.

vous à genoux devant ce crucifix, sur ce prie-Dieu. »
Et il ajoutait que tous, un seul excepté, s'étaient
confessés.

On se souvient de cette invitation de Pascal aux
incrédules raisonneurs : « Mettez-vous à genoux,
prenez de l'eau bénite, récitez le chapelet, c'est-à-
dire, mettez bas la superbe de votre esprit, faites
acte d'humilité; placez-vous, par un héroïque effort,
dans cet abaissement qui plaît à la miséricorde
divine et qui attire invinciblement la grâce. »

C'est là le grand moyen de conversion. Si les
hommes qui disent n'avoir pas la foi, bien qu'ils la
désirent, prenaient de l'eau bénite avec nous, s'ils
récitaient le chapelet et fréquentaient l'église et le
confessionnal ; ils ne se seraient pas plutôt agenouil-
lés, ils ne se seraient pas plutôt frappé la poitrine,
qu'ils croiraient, aimeraient et espéreraient avec
nous. Si ces hommes s'avouaient à eux-mêmes
leurs misères, comme la sincérité et la droiture les
y obligent, s'ils sentaient le besoin qu'ils ont de
Dieu, ils se tourneraient vers lui par la prière. Dieu
qui se tient à la porte de leur âme et qui frappe,
entrerait alors, y verserait les grâces nouvelles,
d'où naîtrait, dans la bonne volonté devenue meilleure, un désir efficace de conversion. Ce qui manque
au désir prétendu de ces incrédules qui déclarent
ne pas partager et désirer toutefois partager nos
saintes croyances, c'est la sincérité de leur désir et
la droiture de leur volonté. L'apostolat et l'apologétique traditionnelle n'ont pas méconnu cette vérité
d'expérience ; et toujours lorsque les pasteurs des
âmes se sont trouvés en face de ces prétendus
esprits forts, s'ils les ont ramenés à Dieu, ce n'est pas
par des syllogismes, mais par la méthode volonta-

riste, en obtenant d'eux, au lieu de l'exposé théorique de leurs doutes, un acte d'humilité et de
religion.

3. — On lit dans la vie du vénérable curé d'Ars (1)
qu'un jour M. Vianney vit entrer dans sa sacristie
un personnage en qui il était facile, à son air, à sa
tenue, à son langage, de reconnaître l'homme du
grand monde. L'inconnu s'approche avec respect, et
le bon saint, croyant deviner son intention, lui
montre, de la main, la petite escabelle où avaient
coutume de s'agenouiller ses pénitents : « Monsieur
le Curé, se hâte de dire l'homme aux belles manières,
qui comprit parfaitement ce que ce geste signifiait,
je ne viens point pour me confesser ; je viens raisonner avec vous. — Oh ! mon ami, vous vous
adressez bien mal ; je ne sais pas raisonner... mais
si vous avez besoin de quelque consolation, mettez-
vous là (son doigt désignait l'inexorable escabelle)
et croyez que bien d'autres s'y sont mis avant vous
et ne s'en sont pas repentis. — Mais, Monsieur le
Curé, j'ai déjà eu l'honneur de vous dire que je ne
venais pas me confesser, et cela pour une raison
simple et décisive : c'est que je n'ai pas la foi. Je ne
crois pas plus à la confession qu'à tout le reste.
— Vous n'avez pas la foi, mon ami ? Oh ! que je
vous plains ! Vous vivez dans le brouillard... Un
petit enfant de huit ans en sait plus que vous avec
son catéchisme. Je me croyais bien ignorant, mais
vous l'êtes encore plus que moi, puisque vous
ignorez les premières choses qu'il faut savoir...
Vous n'avez pas la foi ? Eh bien ! tenez : c'est une
raison pour moi de vous tourmenter ; je n'aurais

(1) Par l'abbé Monin, tome II, p. 221.

pas osé le faire sans cela : c'est pour votre bien. Mettez-vous là et je vais entendre votre confession. Quand vous vous serez confessé, vous aurez fait une bonne partie du chemin qui mène à la foi. — Mais, Monsieur le Curé, ce n'est ni plus ni moins qu'une comédie que vous me conseillez de jouer avec vous. Je vous prie de croire que je n'en ai pas le goût ; je ne suis pas un comédien. — Mettez-vous là, vous dis-je !

La persuasion, la douceur, le ton d'autorité tempéré par la grâce, avec lesquels ces mots furent répétés, firent que cet homme se trouva à genoux sans s'en douter et presque malgré lui. Il fit le signe de la croix qu'il n'avait pas fait depuis longtemps et commença l'humble aveu de ses fautes. Il se releva non-seulement consolé, mais parfaitement croyant.

En sortant de cette petite sacristie, où il avait retrouvé la paix de l'âme si longtemps et si vainement cherchée ailleurs, l'incrédule de tout-à-l'heure ne pouvait contenir sa joie : « Quel homme ! disait-il, quel homme ! Jamais personne ne m'a parlé comme cela... Si l'on s'y était pris de la sorte, il y a longtemps que je me serais confessé. »

C'est ainsi que la méthode de l'action et de la vie fut connue et adoptée de tout temps par les missionnaires et par les saints, comme l'arme la plus puissante contre l'incrédulité. La crise de la foi est victorieusement traversée par les âmes qui, au lieu de chercher la lumière uniquement dans les actes de la seule intelligence, y joignent les actes d'une volonté énergique et l'amour. Ce fut ainsi, au jugement du P. Gratry, que saint Vincent de Paul sortit en triomphateur de cette lutte douloureuse. « La foi, presque éteinte et sans soutien, de ce généreux cœur, se repliait vers le centre de l'âme et se concentrait au fond vers le sanctuaire où Dieu vit. Vaincue partout, vaincue dans toutes les sphères de l'âme, dans les sens, dans l'imagination, dans l'entendement, dans l'espérance, sauf au centre de la volonté, la foi réduite et recueillie en ce seul point subsista cependant et à la fin, debout et indomptable, elle s'écria dans sa simplicité et sa majesté : « Eh bien ! je veux m'attacher à l'Infaillible et à l'Absolu, à l'éternelle, nécessaire et universelle religion. J'aimerai les pauvres hommes souffrants et je les servirai de toute mon âme et toutes mes forces. Pendant cette longue lutte qui dura trois ans, saint Vincent de Paul portait écrit sur sa poitrine le *Credo* catholique, suppliant Dieu de rendre la vie au texte matériel. » Ce fut donc la volonté aidée de la grâce et de l'amour qui sauva la foi dans l'âme de saint Vincent de Paul, comme le retour à la foi dans beaucoup d'âmes qui l'avaient perdue est le prix de la coopération de leur bonne volonté à l'action de la grâce prévenante.

« C'est en priant que je devins plus apte à discerner la vérité », dit un converti célèbre. Enfermé pendant seize mois dans un réduit obscur pour échapper aux recherches des terroristes, le Girondin Isnard passait quinze heures par jour à réfléchir sur Dieu, sur son âme, sur la religion. Il sentait, dit-il, son âme comme entraînée vers la foi, mais son intelligence se révoltait contre les mystères et les dogmes. Ce fut seulement lorsqu'à la réflexion, il joignit par un acte de volonté la prière humble et confiante que la lumière se fit dans son âme et qu'il reconquit la foi de ses jeunes années.

4. L'apologétique traditionnelle n'a jamais nié

cette vérité évidente ; bien plus, les philosophes et
les théologiens se sont appliqués à en découvrir, ils
en ont trouvé les raisons. La foi, disent-ils, doit
toujours être raisonnable, par conséquent s'appuyer
toujours à des motifs rationnels. De là vient la
nécessité pour les savants catholiques, d'établir sur
des preuves indiscutables, miracles, prophéties, vie
de l'Église, l'existence de Révélation et de réfuter
solidement les objections accumulées, au nom de la
science, contre les préambules de la foi. Mais celle-
ci ne découle pas de cette démonstration comme
une conséquence de son principe. S'il faut d'ordinaire que l'effort intellectuel précède la foi, l'accompagne et la suive, il ne le produit pas. La foi est un
don de Dieu, une grâce ; il est nécessaire que nous
la recevions de la libéralité divine ; et Dieu ne
proportionne pas ses dons à la perspicacité de
l'esprit humain. Les hommes moins cultivés n'ont
besoin que du raisonnement facile et primitif qui,
de la contemplation des créatures, les élève à la
connaissance du Créateur et à la confiance en sa
parole ; les intelligences avides de savoir aiment
à se rendre compte de la solidité des preuves
rationnelles et de la faiblesse des arguments
allégués par l'impiété. La préparation intellectuelle est donc très variable ; la grâce nous
saisit au degré où chacun se trouve et de ce point
de départ nous conduit au but. Si elle rencontre
dans la volonté de la droiture, de la sincérité et de
bonnes dispositions morales, elle va jusqu'aux
dernières profondeurs de l'âme, la pénètre tout
entière et la volonté agit librement selon ses inspirations. Si au contraire elle trouve des obstacles,
surtout l'orgueil et l'égoïsme, la motion divine ne

peut alors pénétrer au fond de la nature humaine,
elle glisse à la surface, et notre volonté se dérobe à
son action. Celle-ci devient de plus en plus faible,
de plus en plus inefficace, tandis que la lumière
surnaturelle va toujours en grandissant, si la
volonté montre des dispositions toujours meilleures.
Si le cœur de l'homme est généreux pour accepter
et accomplir les devoirs que la vérité religieuse
impose, celle-ci illumine l'âme de clartés plus
brillantes. La divine lumière pâlit, au contraire, et
finit par l'éteindre, quand la volonté hésite et qu'elle
se soustrait au devoir. C'est le sens de la parole de
Notre Seigneur : « Je me montrerai, je me mani-
festerai à celui qui m'aime. » Pour être savant, il
suffit d'une intelligence pénétrante ; pour être religieux, il faut aimer la vérité religieuse jusque dans
ses conséquences pratiques.

Car la religion ne consiste pas dans des vérités
purement spéculatives, elle a pour fin principale
d'imposer à la volonté des lois souvent difficiles et
dont l'exécution ne va pas sans de pénibles efforts
et de durs sacrifices. Elle a la légitime prétention de
régler nos actions et notre vie entière. Par conséquent, la solution de la question religieuse dépend
moins de la perspicacité et de la profondeur de
l'intelligence que de la disposition de la volonté.
Dieu n'est pas une abstraction froide et vide,
n'ayant ni liberté, ni personnalité, ni amour. Il est
la réalité suprême et absolue, infiniment intelligente,
infiniment voulante, infiniment aimante, infiniment
vivante. Il veut le bien et intime le devoir. On ne
peut pas l'étudier comme une idée abstraite. Il ne
parle pas seulement à l'intelligence, mais à la volonté.
L'apologétique traditionnelle a toujours reconnu

cette vérité ; elle a toujours enseigné que pour
s'approcher de Dieu, il faut vouloir se soumettre à
lui et s'humilier devant lui par une prière confiante.

5. — On ne saurait nier toutefois que les philosophes et les théologiens scolastiques se soient toujours
plus préoccupés de la démonstration rationnelle,
laissant à la théologie ascétique et mystique et à
l'apostolat le soin de faire ressortir la nécessité des
dispositions morales. Le mouvement progressif de
la science sacrée devait amener les écrivains d'une
époque subjectiviste telle que la nôtre à fusionner
les deux méthodes dans un ensemble harmonieux.
La psychologie contemporaine s'est appliquée à
faciliter cette tâche. Un des points qu'elle a le
mieux mis en lumière est précisément cette vérité
que, pour saisir la vérité morale et religieuse,
l'homme a plus besoin de la droiture du cœur que
des facultés puissantes de l'esprit. C'est à cette
noble tâche que s'est appliqué avec succès un penseur chrétien d'une foi profonde et d'un grand
talent, M. Ollé-Laprune, dans son beau livre sur la
Certitude morale. Cet illustre écrivain constate la
ruine du spiritualisme classique et du rationalisme
cartésien, qui régnait en maître dans l'Université, il
y a soixante ans, et qui prétendait amener les âmes
à la vérité religieuse, uniquement par le travail de la
raison raisonnante. L'école de Descartes et de
Cousin a succombé sous les coups de la critique
kantienne, qui, refusant à la raison le pouvoir
d'atteindre jamais la vérité, conduit ses sectateurs
à tous les systèmes de négation et de scepticisme.
Pour agir sur ces intelligences affaiblies et sans
vigueur, puisqu'elles doutent d'elles-mêmes, Ollé-
Laprune inaugura une nouvelle méthode et émit la

première idée d'une demi-apologétique inductive,
n'ayant aucune prétention à la rigueur scientifique,
s'adressant surtout à la volonté, se proposant pour
but de faire monter vers la lumière les âmes fati-
guées du rationalisme de Descartes, et de les sauver
du désespoir des sceptiques. Il ne critiqua pas
l'apologétique traditionnelle et se garda bien de la
combattre. Le procédé qu'il suggérait n'était dans sa
pensée qu'un argument *ad hominem*, destiné aux
subjectivistes qui se dérobent aux prises d'une
démonstration rigoureuse. L'éminent philosophe
approuvait chez les théologiens catholiques leur
attachement à fonder leur démonstration sur les
réalités objectives, sur les miracles et les prophéties
qui restent les critères souverains de l'existence de
la Révélation et auxquels il est nécessaire de
recourir pour prouver aux esprits non subjectivistes, c'est-à-dire à l'immense majorité des esprits,
la vérité de la Religion, s'ils n'y croient pas encore,
et pour leur permettre de s'en rendre compte à
eux-mêmes, s'ils ont le bonheur d'y croire. Le procédé volontariste était selon lui le seul qui pût
atteindre les subjectivistes ; et encore ne le présen-
tait-il pas comme si cette méthode devait à elle
·seule les amener à la pleine lumière. Il ne s'illusion-
nait pas à ce point, il voulait simplement les prépa-
rer par des considérations subjectives, à la vérité
totale de l'apologétique traditionnelle. De plus, il
rendait à tous les incrédules l'inappréciable service
de leur apprendre qu'il ne faut pas attendre, pour
prier et vivre selon toutes les lois de la religion
chrétienne, le moment où tous leurs doutes spéculatifs seront résolus, mais qu'ils doivent, dans
l'intérêt de leurs études mêmes, joindre, à l'examen

des preuves rationnelles de la foi, la pratique et les
œuvres de la foi, à commencer par la prière humble
et confiante.

Si le néo-apologisme de M. Blondel, si le volontarisme du P. Laberthonnière avaient suivi la voie
si nettement tracée par Ollé-Laprune, ils auraient
pu rendre de réels services à la science sacrée et
promouvoir un progrès légitime et incontesté. Ils
auraient montré, par de profondes analyses psychologiques, que le fond intime de l'âme humaine
s'harmonise parfaitement avec les vérités révélées.
Ils auraient fait ressortir les coïncidences vitales qui
existent entre notre nature et le surnaturel chrétien
et fait valoir, aux yeux des incrédules et des indif-
férents, les pressants motifs qu'ils ont de pratiquer
la religion, en même temps qu'ils l'étudient. La
méthode de l'immanence eût été féconde en fruits de
salut, et la philosophie de l'action eût doublé la
puissance de la philosophie du raisonnement.

6. — Mais ses partisans ne surent pas se maintenir sur le terrain solide de l'observation psychologique. Ils commencèrent par attaquer avec violence
l'enseignement de toute la tradition catholique et
prétendirent imposer, comme condition nécessaire
du progrès, aux théologiens de l'avenir, l'acceptation
des négations kantiennes, qui sont au fond les plus
intolérants des dogmes. Au lieu de s'adresser aux
seules intelligences maladives, imbues de criticisme,
pour les guérir peu à peu et les habituer, par l'emploi
du remède de l'immanence, à la pure lumière de la
réalité objective, ils voulurent rendre la métaphysique de la *Raison Pure,* si destructive et si ténébreuse, obligatoire pour tous les esprits et travail-
lèrent, avec un talent qui eût trouvé ailleurs un plus

légitime emploi, à discréditer la valeur apologétique
de la démonstration rationnelle. Ils allèrent, par
une foi excessive en l'infaillibilité de Kant, jusqu'à
ébranler les preuves de l'existence de Dieu ; ils
doutèrent même des faits d'évidence immédiate, tels
que l'existence du monde et l'existence du moi, ne
laissant debout, au milieu de tant de ruines, qu'une
volonté toute nue, qui, séparée de l'intelligence,
ressemble fort à une tendance instinctive. Les textes
que nous avons cités, au cours de ce travail,
prouvent que notre appréciation n'a rien d'exagéré.

Jugeant avec une injuste partialité la théologie
scolastique, le R. P. répète avec une profusion vraiment excessive qu'en cherchant des preuves extérieures à la religion, qu'en voyant d'abord dans la
révélation un fait, elle considère le surnaturel comme
s'ajoutant à la nature sans la pénétrer, comme
restant au-dessus d'elle et en dehors d'elle. Il blâme
les apologistes et les savants catholiques dans les
efforts qu'ils font pour trouver des analogies entre
les vérités surnaturelles et l'ordre naturel, pour
accorder la Bible avec les découvertes scientifiques.
« Il y a quelques années, dit-il d'un ton un peu
railleur, on démontrait avec fierté que le récit de la
Genèse s'accordait parfaitement avec ce qu'avait dit
Cuvier. On commence à démontrer maintenant qu'il
s'accorde non moins bien avec ce qu'a dit Darwin. »
« Cette méthode, conclut-il, fait de la théologie une
science vassale des sciences humaines et de la philosophie naturelle. En outre, elle considère la vérité
révélée comme résidant uniquement dans une
parole que nous entendons du dehors et d'en haut
et qui viendrait en nous, sans nous, comme par
accident ou par décret arbitraire et dont la signifi-

cation pour nous ne se rattacherait pas à ce que nous sommes dans notre réalité vivante. »

La faiblesse de cette argumentation, disons plus, la fausseté de ces allégations résulte de ce que nous avons dit précédemment et qu'il est inutile de répéter.

Si le R. P. est d'une sévérité absolument injuste contre les scolastiques, il ne cesse de montrer une excessive docilité à l'égard du patriarche de Kœnigsberg.

D'une part, il célèbre les funérailles de la philosophie thomiste, qui a pour elle la raison de tous les hommes, le bon sens de tous les hommes, l'expérience de tous les hommes. L'humanité entière, à l'exception d'une infime minorité de sceptiques, a toujours admis comme faits d'intuition et d'évidence immédiate la réalité objective du monde et du moi et, comme conclusion rationnelle très certaine et très logique, l'existence de Dieu et des attributs divins. Ce qui n'empêche pas notre auteur de déclarer solennellement : « Le dogmatisme (scolastique, la philosophie de saint Thomas et des Pères de l'Église) achève de mourir sous les coups répétés de la critique. Laissons les morts ensevelir leurs morts. L'être n'est ni une chose sentie, ni une chose pensée ». On peut admirer ici la puissance de la mode et le décevant mirage de l'esprit de système. Parce que les philosophes de l'Université se sont engoués, pour la plupart, des abstractions nébuleuses de la *Raison Pure*, et qu'un certain nombre de professeurs ecclésiastiques qui enseignent dans les écoles libres ont suivi le mouvement, moins par suite d'une conviction raisonnée que par le désir de voir leurs élèves faire bonne figure dans les examens subis devant le jury universitaire, voilà un savant philosophe catholique, un vénérable religieux qui constate avec une joie non dissimulée la prétendue ruine de la philosophie chrétienne!

D'autre part, le P. Laberthonnière accepte *a priori* la vérité de toute la *Raison Pure*. Nous disons *a priori*, parce que les *Essais*, qui ne contiennent aucune preuve contre l'objectivisme scolastique, n'en contiennent pas davantage en faveur du subjectivisme kantien. Pour notre auteur, l'Espace et le Temps sont des formes subjectives de la sensibilité; le principe de causalité n'est qu'une idée subjective sans application dans le monde réel. Les antinomies sont des articles de foi; il est impossible de démontrer l'existence de Dieu. Le monde n'est que ma représentation. S'il existe, il est, pour mon intelligence, un X inconnu, une énigme indéchiffrable. Moi-même, est-ce que j'existe vraiment et substantiellement? Ma raison l'ignore.

On peut se demander si en dehors du moment où l'idéaliste kantien joue avec ses abstractions, il réussit à se persuader à lui-même de leur vérité vraie. S'il en est toutefois quelques-uns, on peut se demander comment il est possible de les amener à la foi catholique en prenant pour point de départ de vagues tendances sentimentales vers l'infini ou cette opposition subjective que le moi constate entre la misère et la grandeur de l'homme et que, longtemps avant Pascal, saint Paul avait remarquée en lui-même.

7. — Pour légitimer sa méthode, le P. Laberthonnière invoque souvent le témoignage des mystiques: « Tous les vrais mystiques chrétiens, dit-il, saint Augustin, sainte Thérèse, l'auteur de l'*Imitation*, ont répété sur tous les tons que c'est en nous que

nous trouvons Dieu..... Tous constatent en eux le désir, l'appétit du divin. Pour eux, c'est Dieu, Dieu présent qui agit en eux..... N'est-ce pas Dieu aussi qui agit en nous par cette inquiétude, cet inassouvissement, etc. (1) »

L'illogisme de cette dernière conclusion est trop évident pour que nous nous attardions à la réfuter. Contentons-nous de remarquer que la théorie du mysticisme n'a aucun point de contact avec la nouvelle école. Il est certain que les saints et les écrivains ascétiques répètent que nous sentons et que nous goûtons Dieu au fond de notre cœur et qu'il se révèle lui-même par l'amour plus que par le savoir. Il est certain qu'en certaines âmes privilégiées, « la grâce divine produit des phénomènes surnaturels de volonté et d'amour qui, à cause du double élément, intellectuel et physique, dont nous sommes composés, sont nécessairement entremêlés de phénomènes de sensibilité, relevant du domaine de l'expérience, et constatés par le sens intime..... Dieu donne parfois aux âmes saintes une ferveur sensible, une lumière, une certitude plus abondante, une connaissance spéciale des vérités de la foi, parfois très claire et très convaincante (2). » ·

Mais ce qui est également hors de toute contestation, c'est que ces âmes ont commencé par s'attacher très-humblement à l'autorité de Dieu, dont l'Église est l'organe. En vain chercherait-on dans leur groupe une intelligence orgueilleuse, très jalouse de son autonomie, entendue au sens de Kant, ou de la demi-autonomie, tant prônée par le R. P. Elles croyent les vérités religieuses, tout

(1) *Essais*, p. 170.
(2) Chan. DIDIOT. *Log. surnat. subj.*, pp. 392 et suiv.

comme le fidèle moins avancé dans les voies de la
perfection, parce que Dieu les a révélées et que
l'Église les enseigne. Elles trouvent sans doute
dans leur expérience personnelle un motif d'adhérer
plus fort aux réalités divines de la foi ; mais ce n'est
qu'un motif subordonné et secondaire, qui, à lui
tout seul, est incapable de suffire. Autrement, elles
seraient dupes d'un orgueil secret et pourraient se
laisser séduire, presque à leur insu, par l'ange des
ténèbres. Les personnes les plus vertueuses ne se
trompent-elles pas parfois et ne prennent-elles pas
l'erreur pour la vérité, l'hérésie pour le dogme,
sans que rien ne les avertisse intérieurement que
leur acte est tout juste le contraire d'un acte de
foi ? (1) On ne peut être certain du caractère vraiment surnaturel d'un acte de foi que lorsque nous
croyons à une proposition révélée et enseignée par
l'Église ; alors la grâce de Dieu est sûrement avec
nous pour notre croyance, comme son assistance
est avec l'Église pour la proposition de la foi. Quant
à la surnaturalité des autres actes religieux, la
certitude n'est pas aussi entière. Aimé-je sincèrement d'un amour d'espérance et de charité ? Ai-je
réellement le repentir de mes fautes ? Quand je fais
ces actes, suis-je dans les conditions voulues pour
recevoir la grâce et agir surnaturellement ? Je ne le
sais pas : la ferveur sensible et les autres phénomènes analogues n'apportent ici que des probabi-
lités, fondement très fragile pour construire une
nouvelle apologétique. La théorie du mysticisme,
loin de favoriser les idées de notre philosophe, ne
fait que constater une fois de plus l'importance souveraine et indispensable du procédé intellectualiste.

_____

(1) Ch. Dibiot. *Log. surnat. abject.*, pp. 615 et suiv.

CHAPITRE VII

LES CONDITIONS DU PROGRÈS EN APOLOGÉTIQUE

SOMMAIRE. — 1. Les deux méthodes sont bonnes, mais la méthode intellectualiste doit précéder l'autre. — 2. Une entente est possible entre le néo-apologisme et l'ancienne apologétique : le R. P. réprouve l'autonomie kantienne. — 3. Le volontarisme, au lieu de se faire l'humble disciple de Kant, doit revenir à la philosophie chrétienne. — 4. Garanties naturelles et surnaturelles de l'objectivité de nos connaissances. — 5. Obscurités du style néo-apologiste. — 6. Conclusion.

1. — S'il en est ainsi des âmes mystiques et saintes, si même chez elles, l'expérience subjective n'est qu'un motif secondaire et subordonné de la vérité religieuse, lequel ne les dispense en aucune façon des preuves traditionnelles, que devrons-nous dire de l'immense majorité des fidèles dont la foi languissante est dépourvue d'amour ? L'immanence alléguera-t-elle que leur principal motif de certitude est le sentiment de joie et de sérénité qui accompagne les convictions religieuses ? Mais ne sait-on pas que cette paix, cette joie dont on parle n'est pas un effet nécessaire de la présence de la foi dans une âme ; beaucoup ne la possèdent pas, bien qu'ils croient fermement ? En outre, ne remarque-t-on pas souvent que cette tranquillité subjective et cette joie intérieure coexistent souvent avec la

croyance en des doctrines condamnées par l'Église et même franchement hérétiques ? N'y a-t-il pas, chez les protestants, chez les schismatiques, chez les païens mêmes, nombre de sectateurs de ces fausses religions qui adhèrent de toute leur âme à des doctrines fausses et qui éprouvent dans cette adhésion ce sentiment de joie et de sérénité dont on parle. Cette paix prouve uniquement la bonne foi, la droiture, la sincérité de la conscience croyante, mais nullement la vérité de la doctrine crue.

Sans doute le catholique peut trouver ici des raisons personnelles de certitude religieuse et constater, par expérience, les convenances reconnues par la théologie traditionnelle, entre notre nature et les dogmes révélés. La philosophie de l'action peut intervenir ici, mais seulement à cette place subordonnée.

Le dissentiment entre le néo-apologisme et le volontarisme, d'une part, et la tradition catholique, d'autre part, consiste en ceci, que les doctrines nouvelles veulent que la démonstration religieuse commence par ces considérations subjectives, tandis que les théologiens scolastiques établissent la divinité de la religion, d'abord par la double autorité de l'Église et de Dieu révélateur. En prenant l'immanence pour unique point de départ, on peut aboutir à toutes les erreurs; l'histoire de l'hérésie et de l'illuminisme démontre avec évidence la justesse de notre observation. D'où viennent la plupart des erreurs religieuses, sinon de la confiance excessive des âmes orgueilleuses dans leur propre subjectivité?

Pour s'en préserver, ce qui est avant tout nécessaire, c'est une règle d'une valeur objective et

universelle; la recherche scientifique et intelle-
tuelle peut seule la fournir. Une volonté qui est
sous la domination des seuls sentiments est privée
de lumière, sujette à s'égarer et s'égare presque
toujours.

Il faut d'abord prouver le fait de la Révélation.
Un fait ne se démontre pas *a priori* ; les témoignages sont nécessaires, et surtout le témoignage
de Dieu, et le témoignage relève de l'expérience.
Notre esprit peut démontrer la possibilité de la
révélation et trouver des raisons de haute convenance entre notre nature et les vérités révélées.
Mais le fait repose sur les miracles et les prophéties
qui constituent, selon les termes formels du Concile
du Vatican, les *facta divina*, les *signa certissima*,
fondement de la démonstration apologétique. Ceux
qui le contestent en prennent décidément trop à leur
aise avec l'orthodoxie.

2. — Frappé de ces évidences, le R. P. précise
son but à la fin de la dissertation sur le *Problème
religieux* et semble n'avoir pas d'autre intention
que de démontrer la nécessité d'unir la méthode
ascétique des mystiques avec la méthode spéculative et abstraite des dialecticiens (1). Si la question
qui nous occupe avait toujours été posée en ces
termes clairs, elle n'aurait pas divisé les catholiques;
les partisans du néo-apologisme et les amis de la
tradition n'auraient pas tardé à se mettre d'accord.

L'accord est toujours possible, à condition toutefois que soient dissipés les malentendus. Ce qui
éloigne notre philosophe de la méthode scolastique,
c'est la crainte qu'elle n'exige le sacrifice de notre

(1) *Essais*, p. 189.

autonomie et que le Dieu de la raison et de la théologie traditionnelle ne s'impose à nous comme un
maître, nous ordonnant de croire à des vérités
mystérieuses qui seraient étrangères à notre vie
morale et nous asserviraient.

Cette objection tombe sur le fidéisme qui ne peut
la résoudre. Cette erreur, en effet, affirmant l'incapa-
cité de la raison, veut nous faire croire à l'autorité
d'un Dieu dont nous ne pouvons connaître l'existence
ni l'autorité. La foi alors est un asservissement de
l'intelligence qui admet des dogmes incompréhen-
sibles, sans avoir pu vérifier les titres de l'Être
révélateur.

Mais le fidéisme condamné par l'Église avait
toujours été combattu par les théologiens scolastiques. Ceux-ci ont toujours enseigné la nécessité
du travail de la raison naturelle avant l'acte de foi,
qui, sans cela, ne serait pas raisonnable. Par ses
seules forces natives, et à l'aide d'arguments très
sûrs, l'intelligence humaine démontre l'existence de
Dieu et sa souveraine véracité. Quand donc il est
certain que Dieu a parlé, et que nous établissons
ce fait par l'expérience et le contrôle de la raison,
l'autonomie, la dignité de la personne humaine
n'est pas diminuée. Ce n'est pas une autorité extérieure qui m'oblige à croire et vient asservir mon
intelligence, c'est mon intelligence qui s'est assimilé
les preuves de la théologie naturelle et de l'apologétique. Par la réflexion, j'ai le pouvoir de m'approprier,
de faire miennes les vérités dont je ne suis pas
l'auteur ; elles ne s'imposent pas à moi, malgré moi ;
ce ne sont pas des étrangères qui, du dehors, forcent
le sanctuaire de ma conscience. Elles y entrent
parce que je veux et que je leur connais les caractères que je cherche dans la vérité.

L'autonomie n'est pas l'idépendance absolue. Si
le R. P. se sert de cette expression si chère aux
kantistes, il ne lui donne pas la même signification
que Kant. Lorsque le philosophe allemand parle de
l'autonomie de la raison et de la volonté, il veut
chasser Dieu de la morale naturelle et substituer à
la loi divine la loi de la raison. D'après lui, la
volonté raisonnable de l'homme est l'unique principe de la loi morale ; elle devient autonome, parce
qu'elle n'a pas d'autre loi que celle qu'elle s'impose
à elle-même. Ce n'est pas ici le lieu de discuter le
principe de la *Raison Pratique;* qu'il nous suffise
de dire que le penseur de Kœnigsberg, personnelle-
ment éloigné de l'athéisme, a fondé, par sa doctrine
sur l'autonomie de l'homme, la morale indépendante
et athée.

La plupart de ses disciples acceptèrent cette
doctrine dans le sens strictement subjectiviste. La
vérité est pour eux l'œuvre de leur esprit propre,
individuel ; ils ne veulent rien reconnaître en dehors
d'eux, ni se soumettre à aucune autorité ; ils se
suffisent à eux-mêmes, comme s'ils étaient leur
principe et leur fin.

Évidemment, une telle autonomie est répudiée
par le P. Laberthonnière. Il sait bien que les
hommes sont dépendants et subordonnés, dans leur
substance d'abord, dont le principe n'est pas en eux,
ensuite dans leurs opérations, qui ont besoin du
concours divin, et dans leur fin qu'ils doivent chercher dans un bien distinct d'eux-mêmes, dont la
possession peut seule les rendre heureux. L'autonomie chère à notre philosophe n'est pas la prétention de n'être attaché à rien, de n'avoir besoin de

rien; elle consiste (1) uniquement dans la personnalité, dans le droit de s'appartenir à soi-même,
d'être responsable de ses actions. Or, il n'y a rien
dans la philosophie scolastique qui soit contraire à
l'autonomie ainsi comprise; bien plus, la doctrine
de saint Thomas sur la connaissance intellectuelle,
sur la volonté et la liberté, implique un respect souverain pour la dignité et l'indépendance relative de
la personnalité humaine.

Les idées du R. P. sur ce point spécial sont
conformes aux conclusions de la philosophie chrétienne et diamétralement apposées à la théorie
kantienne.

3. — L'entente n'est donc pas aussi difficile
qu'elle le paraît au premier abord entre le néo-
apologisme et l'ancienne apologétique. Elle se réali-
serait promptement, si les amis de l'immanence
cessaient de s'inféoder au criticisme kantien, et si,
au lieu de subir le joug très lourd que le penseur
allemand fait peser sur les intelligences françaises
contemporaines, celles-ci voulaient le secouer vigou-
reusement et revenir à la théorie thomiste de la
connaissance, qui s'adapte si bien avec les légitimes
exigences des modernes. Le grand vice du volontarisme, ce sont les dogmes de la *Raison Pure* qui le
pénètrent et le font côtoyer si souvent les plus
redoutables erreurs. Le plus sûr moyen de combattre
le scepticisme des incrédules n'est pas de pactiser
avec le scepticisme de Kant, mais de le combattre
fortement et loyalement avec les armes fournies par
la philosophie traditionnelle.

Ce qui a été vaincu par Kant, c'est la philosophie

(1) *Essais. Introduction*, p. 21.

séparée de la religion, rationaliste et demi-subjec-
tiviste inaugurée par Descartes. Rien ne pourra
vaincre, dit ici M. le chanoine Didiot, la philosophie
alliée à la théologie.

Le R. P. recommande aux incrédules sincères qui
veulent se rapprocher de Dieu, comme condition
préalable, la lutte contre l'égoïsme et le détachement
des créatures. Que les volontaristes fassent aux
criticistes kantiens l'application de cette méthode.
Le Kantisme vient de « l'orgueil qui se révolte à la
pensée d'accepter des principes et des faits antérieurs,
supérieurs même à toute démonstration, s'imposant
d'office et par leur évidence, sans que la raison soit
appelée à les contrôler, à les juger » (1). « D'après le
Kantisme, l'esprit humain est la mesure de la vérité,
il lui est totalement identique ; il la défait ou la
défait par ses seules affirmations ou négations. »

Kant n'est pas infaillible ; tous ses dires ne sont
pas des articles de foi et ne doivent pas s'imposer à
la croyance universelle sans qu'on ne les soumette
à une juste et forte critique. Après tout, il est possible
que le grand homme se soit trompé et que la *Raison
Pure* soit le fruit non pas de la raison, mais de
l'imagination créatrice. Il y a des esprits qui n'ont
aucune confiance dans les dogmes kantiens. La
vogue dont jouit le Kantisme en France à l'heure
présente n'est pas une preuve de sa vérité.

Que les volontaristes, par un acte de volonté
énergique et autonome, consentent donc à admettre,
avec les hommes de tous les siècles et de tous les
pays, avec le bon sens et la raison et l'expérience
universelle, l'intuition immédiate du monde et du

(1) Ch. DIDIOT. *Log. surnat. object.*, p. 60.

moi. Qu'ils consentent à admettre que le monde est
réellement tel que nous le voyons ; qu'il y a objectivement et vraiment d'autres hommes, des animaux,
des végétaux, des minéraux, une terre, des planètes,
des étoiles, une lune, un soleil. Qu'ils consentent à
admettre leur existence personnelle et l'existence
de leur voisin, qu'ils reconnaissent que ce voisin
et les autres hommes ne sont pas des fantômes,
mais des êtres vrais, réels, subsistants en eux-
mêmes, uns, permanents, distincts les uns des
autres. Qu'ils laissent aux Allemands, amis des
abstractions ténébreuses, ce dogme du maître :
le monde n'est que ma représentation phéno-
ménale, que je projette au dehors et dont je
fais à tort une multitude d'êtres réels. Qu'ils
consentent à reconnaître que nos yeux sont faits
pour voir les choses extérieures, non pas pour
voir l'image subjective placée sur la rétine; que nos
facultés sensibles et nos facultés intellectuelles
sont faites pour saisir les choses du dehors ; que les
premiers principes ont une valeur objective et que
vraiment il n'y a pas d'effet sans cause. Alors Kant
descendra de son piédestal, ils le jugeront et feront
de son œuvre un examen attentif. Les antinomies
du célèbre philosophe cesseront de leur paraître des
vérités incontestables. Ils verront alors la validité
et la solidité des preuves qui démontrent l'existence
et les attributs de Dieu ; ils étudieront dans l'histoire
les arguments qui établissent l'existence de la révélation. Quand ils auront fait ce travail, ils ne tarde-
ront pas à découvrir que le meilleur moyen d'amener
les incrédules criticistes à la foi catholique n'est pas
de partir d'une vague aspiration vers l'infini, mais
de leur faire partager leurs convictions anti-kan-

tiennes. Ils y parviendront sûrement si ces incrédules se soumettent à la première épreuve, si
justement recommandée par le volontarisme et qui
consiste à combattre l'orgueil, l'amour-propre,
l'attachement à leurs préjugés individuels, s'ils
mettent dans leurs âmes, à la place de l'orgueil
kantien, les dispositions morales excellentes de la
droiture et de la sincérité.

4. — Après ce travail préliminaire, ils vérifieront
facilement la vérité de l'objectivisme scolastique,
en étudiant les garanties qu'offre cette doctrine et
qui sont de nature à satisfaire les exigences de la
critique la plus difficile, pourvu qu'elle soit raisonnable. Il ne s'agit pas ici d'une démonstration
dialectique; celle-ci est impossible pour nos toutes
premières sensations et nos toutes premières intel-
lections, qui sont suffisamment claires par elles-
mêmes et n'ont pas besoin d'être démontrées. La
démonstration ne possède qu'une lumière extrin-
sèque, elle n'est qu'une source secondaire d'évidence.
L'intuition immédiate jouit d'une splendeur interne,
elle est un foyer de lumière et d'intelligibilité dans
lesquels l'objet se manifeste au sujet.

Mais si la démonstration proprement dite est
impossible et inutile, des garanties existent (1),
c'est-à-dire des faits ou des paroles qui, sans prouver
formellement l'objectivité, nous assurent cependant
qu'elle est très réelle. Ces garanties sont de deux
sortes : les unes naturelles, les autres surnaturelles.

(1) Sur ce capital sujet des garanties naturelles et surnaturelles, par lesquelles est vérifiée l'objectivité de nos
connaissances, voir, lire, étudier à fond les théor. V à XIII
inclusiv. de la *Log. surnat. object.*, pp. 17-60, que nous nous
contentons ici d'indiquer.

La première garantie naturelle de l'objectivité de nos connaissances est leur triple caractère, de *relativité*, de *potentialité*, d'*assimilation* (Théor. V de la *Log. surnat. object.*). La deuxième est le contrôle que nous faisons subir à nos connaissances et que l'humanité ne cesse d'exercer sur elles : répétition des mêmes actes par les mêmes facultés, vérification par les actes des autres facultés, immense contrôle de l'humanité sur chacun de ses membres, infime minorité des kantistes comparée à l'innombrable multitude des dogmatistes, vigilance de l'Église pour discuter à fond les bases et l'exactitude des articles de foi (Théor. VI). Dieu, en tant que créateur et premier moteur de nos facultés cognoscitives, est une garantie qui ne peut se tromper ni nous tromper. Si le criticisme était vrai, Dieu aurait créé des monstres (Théor. VII). Notre vie elle-même, surtout la vie surnaturelle, réalisée au sein du catholicisme, est une autre très puissante garantie, car elle proteste contre les conséquences et les inconséquences du scepticisme et du kantisme (Théor. VIII).

Les garanties surnaturelles de l'objectivité de nos connaissances sont : le fait de la Révélation, les dogmes qu'elle contient, les grâces accordées à toute connaissance à elle relative, les faits d'ordre prophétique et mystique, la vision béatifique elle-même (Théor. IX). La tradition divine, concrétisée dans l'Église de Jésus-Christ, condamne le scepticisme et les doctrines qui y conduisent (Théor. X). Dieu est la source de toute objectivité en matière de connaissance (Théor. XI). L'absolue simplicité de l'acte divin de connaissance en démontre rigoureusement l'infinie objectivité ; et celle-ci est analogiquement communiquée à la connaissance finie sous forme d'équivalence entre l'être et le savoir et d'essentielle affinité de nos facultés pour la vérité qui est en Dieu ou qui dérive de lui (Théor. XII).

Nous sommes persuadé intimement que si le fondateur du néo-apologisme, M. Blondel, et le fondateur du volontarisme, le P. Laberthonnière, avaient lu et étudié la logique surnaturelle de M. Didiot, ils n'auraient jamais pensé à introduire le kantisme dans la théologie catholique : et ils auraient trouvé dans cette étude les arguments les plus solides contre cette funeste doctrine. Que ces écrivains nous permettent de signaler à leur attention les œuvres de l'éminent théologien de Lille ; ils s'en inspireront, se préserveront de l'erreur et leurs doctes travaux gagneront en vérité et en clarté.

5. — La clarté, en effet, n'est pas la qualité dominante du style néo-apologiste. Les fauteurs de cette nouveauté se plaignent qu'on leur attribue à tort des erreurs dont ils se proclament adversaires : ontologisme, fidéisme, sentimentalisme. Au lieu d'accuser leurs critiques de parti-pris et parfois de malveillance, s'ils faisaient un sage retour sur eux-mêmes, et examinaient objectivement leurs écrits, ils ne tarderaient pas à comprendre que si les néo-scolastiques se trompent dans leurs appréciations, c'est que vraiment eux-mêmes ne sont pas du tout clairs. On dirait qu'ils s'attachent à envelopper des idées passablement obscures d'expressions tout à fait ténébreuses.

Citons quelques exemples :

M. Denis, dans sa brochure sur la *situation intellectuelle du clergé français* (1), définit en ces termes

_____
(1) P. 585.

l'autonomie du surnaturel : « L'autonomie du surnaturel signifie que le surnaturel implique en soi une vertu telle qu'il nous réjouit, nous conquiert et nous élève par lui-même. Elle signifie qu'il supprime souvent les intermédiaires considérés comme une logique nécessaire dans son processus vital. Elle signifie enfin que la grâce nous touche par où nous sommes nécessairement nous-mêmes, sans que nous sachions dans quelle catégorie se rattacherait le mouvement qui nous mène à Dieu. Le surnaturel est triplement autonome. comme moyen, comme objet et comme fin ; mais ces trois conditions sont en coïncidence avec notre humanité. Seule, la personne humaine est le milieu naturel où se développe le surnaturel. » Faut-il appeler heureux l'homme capable de déchiffrer un pareil logogriphe ? M. Denis dit quelque part que pour comprendre les nouvelles théories théologiques, il convient au préalable de *transposer sa mentalité*. Si cet euphémisme signifie : raisonner au rebours des lois de la raison, mettre son esprit sens dessus dessous, nous ne voulons pas insister et nous engageons le lecteur à ne faire aucun effort intellectuel pour comprendre *l'autonomie de la grâce*.

On chercherait en vain, dans les *Essais* du P. Laberthonnière, d'aussi impénétrables obscurités. Mais le style de cet auteur manque parfois de cette clarté, de cette netteté qui laisse transparaître la pensée dans une pure lumière. Tantôt l'idée se voile sous des expressions empruntées au calcul intégral. Citons quelques exemples. Le R. P. loue M. Fonsegrive « d'avoir déterminé (1) le sens et la

(1) *Essais*, p. 189, note 1.

portée du christianisme en fonction de la vie individuelle et de la vie sociale ». Ceci veut dire sans
doute que le dogme catholique n'est pas étranger à
la vie de l'homme individuel, et que la religion
exerce une influence sur la vie sociale de l'humanité. Exprimée ainsi simplement, cette vérité fut
connue de tout temps, elle est aussi vieille que
l'apostolat. Et il ne serait pas possible d'en faire
honneur à M. Fonsegrive, si elle n'était discrètement
voilée sous des expressions scientifiques.

Ailleurs notre philosophe déclare que « pour
intégrer l'absolu dans notre vie librement voulue,
un acte est nécessaire. » C'est-à-dire évidemment
que pour vivre selon la loi de Dieu, pour obéir à
Dieu, pour penser à Dieu, il faut un effort de
volonté et même une grâce surnaturelle. La pensée
est juste, mai nullement nouvelle. Ce qui lui donne
un air de nouveauté, c'est le style qui l'enveloppe.

Le R. P. n'a pas expliqué clairement en quoi
consiste la foi kantienne « par laquelle on se donne
l'être à soi et aux autres avec le concours de Dieu.
Cette foi est l'acte de la bonne volonté par laquelle
nous acquérons Dieu. » Il n'a point dit nettement
en quoi consiste « la *compénétration des êtres*, qui
seraient les uns dans les autres, de telle sorte que
tous seraient dans chacun et chacun dans tous ».
Entendue au sens obvie, cette phrase a une saveur
panthéistique ; elle est vraie au sens figuré, si l'on
ajoute que l'existence idéale qui est dans le sujet
connaissant n'est pas la réalité vraie et substantielle
des objets connus. Cette signification est trop
conforme à la théorie scolastique de la connaissance
pour qu'elle soit voulue par le P. Laberthonnière.

Aussi avouons-nous franchement notre impuissance de comprendre.

Ces exemples pourraient être multipliés. Ceux-ci suffisent pour démontrer que la philosophie et la théologie scolastiques, non seulement donneraient aux nouveaux apologistes des connaissances très vraies et très sûres, mais leur fourniraient, par surcroît, une manière de les exprimer, simplement, clairement et avec une rigoureuse précision. L'action du criticisme n'est pas seulement funeste à l'esprit français : son influence n'est pas moins désastreuse sur la langue française.

6. — C'est donc une œuvre excellente de le combattre. Les sciences sacrées ne doivent pas rester stationnaires. Quoique le dépôt de la Révélation soit immuable et que rien ne doive y être ajouté jamais, la science théologique n'est pas pour cela soustraite à la loi du progrès. Pour exposer les dogmes, pour les défendre, pour amener les incrédules à la foi, le devoir des philosophes est d'adapter leurs travaux aux exigences légitimes de la pensée contemporaine.

Le but du néo-apologisme est, dit-il, de convertir les sceptiques et de leur indiquer le plus court chemin qui mène à la foi. Qu'il insiste alors fortement sur l'importance des dispositions morales dans l'âme qui veut sincèrement revenir à Dieu ; qu'il combatte les obstacles qui se dressent contre la sincérité du vouloir : l'égoïsme, l'orgueil, l'attachement aux idées personnelles et originales. Qu'il fasse resplendir, dans une lumière plus brillante, la nécessité des actions chrétiennes comme excellent moyen de conversion.

Cette vérité n'est pas nouvelle. Ce qui est nouveau, c'est l'éclat qu'il lui donnera. Qu'il fasse la théorie de la mystique, que ses profondes analyses psychologiques démontrent aux partisans de l'ancienne méthode le surcroît de force qui résulterait pour la démonstration rationnelle, si l'action vivante s'y ajoutait toujours. Qu'ils persuadent de cette vérité non seulement les apologistes qui écrivent, mais les conférenciers qui parlent et les apôtres qui prêchent.

Cette tâche est assez belle. Pour l'accomplir, il n'est nullement nécessaire d'attaquer, au nom du kantisme, la méthode approuvée par l'Église depuis tant de siècles, et que tous les Souverains Pontifes, et récemment Léon XIII, ont toujours recommandée aux écrivains catholiques.

Mais que les néo-apologistes se gardent bien, pour plaire à quelques douzaines de sceptiques qui ne se convertiront pas par ce moyen, de joindre leurs efforts aux ennemis de la religion et de battre en brèche les fondements de la science sacrée.

· Au lieu d'introduire le kantisme dans la théologie, qu'ils ébranlent la foi kantienne dans les âmes séduites par elle. Qu'ils s'inspirent de la pensée de M. Ollé-Laprune, sous le patronage duquel ils aiment à se placer.

La voie dans laquelle ils se sont engagés imprudemment ne peut aboutir qu'à des mécomptes et à de graves erreurs. Celle que leur indiquent les néo-scolastiques unit harmonieusement l'ancienne méthode et les idées nouvelles. La raison et la volonté, la spéculation et l'action, la dialectique et la vie vécue s'y prêtent un mutuel concours. S'ils suivent cette voie, ils ne s'égareront pas, et leurs travaux contribueront efficacement à la gloire de Dieu et au salut des âmes.

TABLE DES MATIÈRES

IMP. H. MOREL, LILLE

www.ingramcontent.com/pod-product-compliance
Lightning Source LLC
Chambersburg PA
CBHW070407090426
42733CB00009B/1573